古武術「仙骨操法」のススメ

速く、強く、
美しく動ける！

赤羽根龍夫

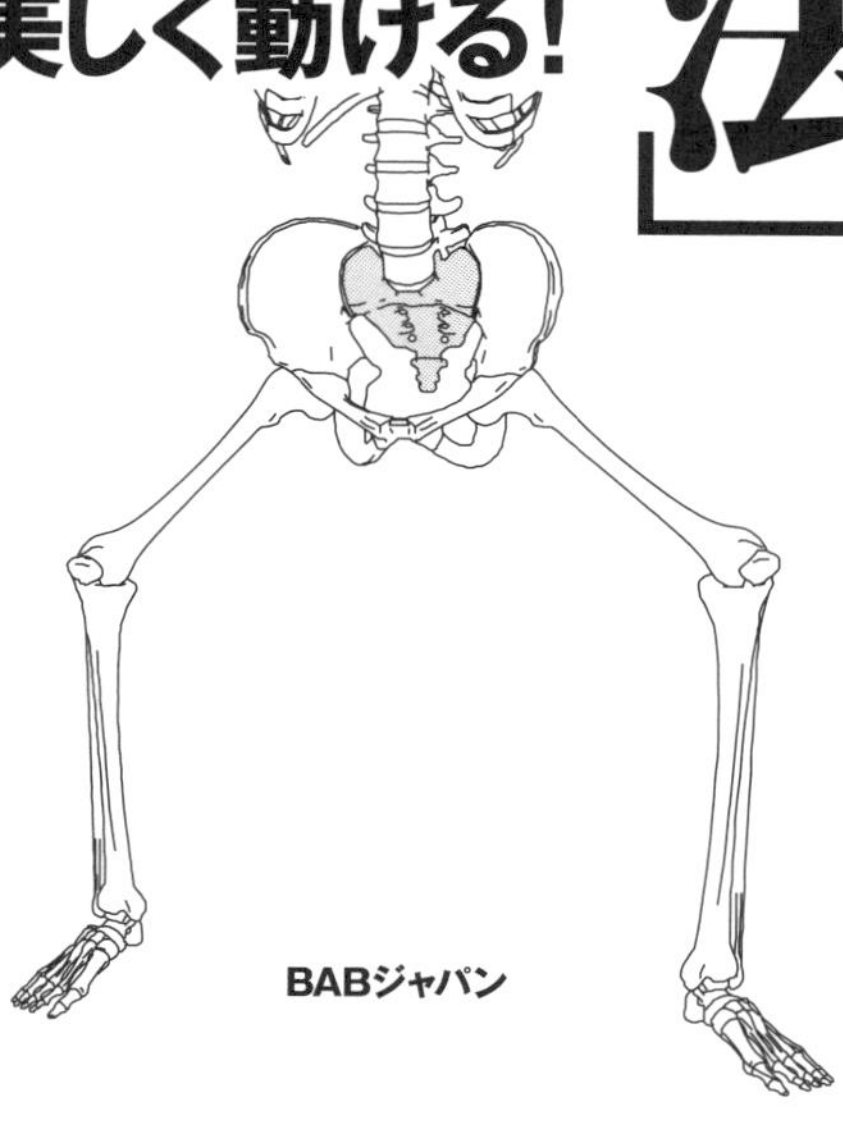

BABジャパン

まえがき

地球上には数え切れないほどの種類の生物が生息していますが、人間ほど運動能力にバラつきのある動物もいません。

その原因の一つに、人間はあまりにも多種多様な運動法を手に入れてしまった動物である、ということがあげられます。最近のトップダンサーの動きを見てみて下さい。果たして動物がこんな風に動いてしまっていいのか?、とすら思えるような動きです。それは、人間が〝二足歩行〟というスタイルを手に入れ、特別な身体的自由度、そして多様な文化、方法論を育んできた中で獲得した〝動き〟です。人間はそれほどの運動性能をもつ動物へと高められたのです。

そんな素晴らしい身体機能を発揮している人間がいる一方、逆上がりもできない、という人だって沢山います。

才能がないから?

もちろん違います。身体の使い方を間違えているのです。

人間とは、地球上類を見ないほどの身体的自由度を手に入れた動物であるとともに、**地球上唯一、身体の使い方を間違え得る動物なのです。**

間違える……では正解などあるのでしょうか?

ダンス、スポーツ、格闘技……それぞれ目的も違うし、それぞれの中に数多くの種目もあって、まさに多種多様。正解など、それぞれなのではないか、とお考えの方もきっと多い事でしょう。しかし、すべてに共通する〝正解〟があるのです。

それは、全身を繋げて使う事です。全身を繋げて使わなければ、大きな力も発揮できませんし、なめらかで美しい動きも生まれません。腕の力だけで逆上がりができる人、というのもやはり、存在しないのです。

本書は全身を繋げて使うことをテーマにしています。手足や背腹などの筋肉、股関節・肩甲骨などの骨をバラバラに使わないで一つにまとめて使う方法論を論じています。そして身体を一つにまとめるための**唯一無二のポイントが仙人の骨〝仙骨〟なのです。**

骨格上、人間の上半身と下半身は仙骨を介して繋がっています。この仙骨を中心に運動を考えれば、全身は自然に繋がってきます。しかし、仙骨という骨は非常に意識しにくい骨でもあるのです。

仙骨は身体運動論上、あまり注目されてきませんでした。ほとんど動かないと信じられてきたからです。しかし実は、数ミリですが前後・左右・上下に自在に動きます。そして仙骨のわずかな動きが身体全体に及ぼす影響は限りないものがあります。

人間はだんだん、仙骨を意識しなくなり、より手足の動きの方に気をとられるようになっていきました。いわば〝末端重視傾向〟です。

パンチ力を付けるためにマシン・トレーニングで腕の筋力を付ける……こんな発想が当たり前になってきました。しかしこういう部分的トレーニングには弊害も少なくない事が最近になって指摘されるようになりました。もちろん、全身を繋げて使うためにも、部分的筋力トレーニングは何の足しにもなりません。

海外からさまざまなトレーニング理論が輸入されるずっと以前、日本人は全身を繋げて使うための方法論を実は確立していたのです。

全身を繋げて使うことに最も成功しているのは武術です。何しろ命を賭けての戦いから生まれた運動ですから現代のトップアスリートたちに勝るとも劣らないほどの追究がなされていたのです。武術には、身体を大きくして勝とうなどという発想はありません。相手より筋力をもって力勝ちしようという発想もありません。**とにかく、身体のすべてを使って闘うのです。**それが自らの肉体を最大限活かして使うための、唯一無二の結論だったのです。

宮本武蔵が23歳で吉岡一門との命を賭けた戦いに勝利した翌年に書いた、勝つための術理の書『兵道鏡』では「身の懸かり」として最初に顔・肩・腹・腰・手足など身体のあり方を論じています。それを読めば、すべて、全身を繋げて使うためのあり方に帰結することがわかります。そしてその身体を結びつける中心が仙骨なのです。

柳生十兵衛は、「無上至極の極意」は〝尻《けつ》を張る〟ことだと言っています。〝尻を張る〟とは仙骨を締めることです。

古武術に伝えられる、全身を繋げて使うための仙骨を中心にした身体操法、それを、あらゆるジャンルの方々に応用していただきたい、というのが本書の目的です。

人間が獲得した「運動性能的自由度」は、〝クセ〟をもたらしました。ただ〝歩く〟にしても、現代人のそれは実に多種多様です。ガニマタな人、内股な人、つんのめるように歩く人、踵を引きずるように歩く人、左右非対称な人、……さまざまです。

この、ただ〝歩く〟という行為にも不正解があります。不正解は、知らず知らずのうちに、身体を蝕んでゆくのです。

何の事故があった訳でもないのに、身体に不調を抱えている方はいませんか？

何の事故があった訳でもないのに身体を痛めてしまうのも、実は人間だけです。要するにこれも、身体の使い方を間違えているからなのです。

日本の古流武術の稽古において、まず旨としているのは、クセをとることです。だから、ほぼすべての古流武術流派において、その稽古の主たる部分を占めているのが〝型稽古〟なのです。

〝型稽古〟には「相手に当てさえすればいい」という発想は通用しません。自分なりの方法では駄目だという事です。「自分は腕が長いからそのリーチを活かして……」では駄目なのです。どんな体格の人も、皆同じように、徹底してクセを削ぎ落とさせられ、正しい動き方を身に沁み込まさせられるのです。それほど人間とは、クセに偏ってしまいがちな動物だということを物語ってもいます。

だから、型稽古の先に〝正しい身体の使い方〟がもしないとしたら、それはまったく無意味なものだとも言えるでしょう。

なお、表題に「速く、強く、美しく動ける」とありますが、実は「速く、強く」あるためには、筋肉の動きは「ゆっくり、力を抜いて」いなければならないのです。そして美しくあるためには骨に意識を向けなければならない。身体の内部と骨が結びついた時に、全身が繋がり「速く、強く、美しく動く」ことができるのです。本書の内容からぜひそのことを読み取っていただきたいと思います。

さて、古武術の操法を会得する、というと、それこそ何十年も稽古を積み重ねなければならないような難しいもの、という印象もあるのではないかと思います。

確かに、そういう側面もあるのですが、それは多くの方が考えているような、技術的な難しさではありません。

古流武術で、根本的に大切にし、追究しているものは、姿勢なのです。**姿勢が正しければ、それだけで身体はある**

程度正しく機能するようになります。全身を繋げて使うためのお膳立てができあがるのです。

最近はパソコンやスマホによって青少年の老化が社会問題になっています。これはおもに姿勢の悪化によるものです。身体の老化は文化、文明の老化でもあるのです。

人類は真直ぐ立つことによって人間となりました。そしてこの真直ぐ立つことで文化を築き上げてきました。その人間が衰えることは背骨が次第に歪むことによって始まります。そしてやがて立てなくなり、人間としての役割を終えます。この歪みは老化だけでなく、普段の立ち居振舞いによってもスポーツによっても生じます。

今こそ30億年前から身体にこめられていた生命の力を取り戻しましょう。それにはバラバラになってしまっている身体を一つに繋げて使うことです。

現代の身体論で言えば、仙骨を締めることで背骨が真直ぐに立ち、それにより背骨に付着した多裂筋や横隔膜、大腰筋、仙骨と結びついた骨盤底筋群などの深層筋（インナー・マッスル）が活性化されます。

最近注目されている深層筋は運動能力を高める腕の力こぶや腹筋、腿などの表層筋と違って姿勢筋と呼ぶことができます。

最高の運動は姿勢を正すことなのです。本書では姿勢を正すことを極意とする武術の動きの中から、柳生流の〝廻し打ち〟、武蔵流の〝斬り上げ〟、さらに現代運動論から導いた〝仙骨体操〟を取り上げました。この武術的運動を日々の生活の中に組み入れることで武術だけでなく、健康な身体を作る事ができます。

「長生きも芸の内」と言われます。芸の内で最高の芸である武芸の動きを通して、武の極意だけでなく、健康と長生きへの道をともに歩んでいきましょう。

平成二十八年一月

赤羽根龍夫

目次

序章

すべては〝全身を繋げる〟ことから

1 失われた運動システムと〝腰〟

今、子供たちの身体運動に異変が生じています。

例えば、物を投げるときに腕だけしか動かない、いわゆる「手投げ」になってしまう子が増えているのです。「運動能力」はそれほど劣っていなくとも。「要領（方法）」が悪いために上手くいかないのです。

これは子供のうちに外で遊ぶ機会が減り、物を投げる経験が極端に減ったことによって起こっている現象です。そんな子供たちに、もっと上手な運動をさせようと考えるならば、スポーツ教室の類に通わせるしかないような現状です。

でも本当は、ボールを、より力強く投げようと、そんな気持ちをもって経験を重ねたり、または上手な子を真似したりすれば、自然に身に付くだけのことなのです。実利（上手く投げる）を求めて重ねる経験から〝合理（仕方）〟を学ぶ身体文化は、子供の世界からはすっかり失われてしまいました。

プロ野球選手になる訳でもないし、別に物が上手に投げられなくなくても構わない、という人もいるでしょう。思えば子供たちの誰もが空き地野球に興じ、こぞってプロ野球選手になりたいと叫んでいた時代もありました。身体文化の喪失は、時代の流れの必然なのかもしれません。

かつて何よりも実利を求めざるを得なかった身体文化が、我が国にはありました。それは武術です。

何しろ命を賭けて行なっていたものです。刀を持ったサムライたちは、それこそ命を賭けて必死になって〝合理（勝ち方）〟を追求しました。

次ページの写真は宮本武蔵が創始した剣術「円明流」の技法、〝斬り上げ〟です。一見、難しくもないように見えるかもしれませんが、たったこれだけの動作で、初心者と

「円明流」技法“斬り上げ”

非常に実戦的、かつ極意とされている“斬り上げ”。
単純な動作のようだが、「手だけの動き」になりやすく、難易度の高い技法だ。

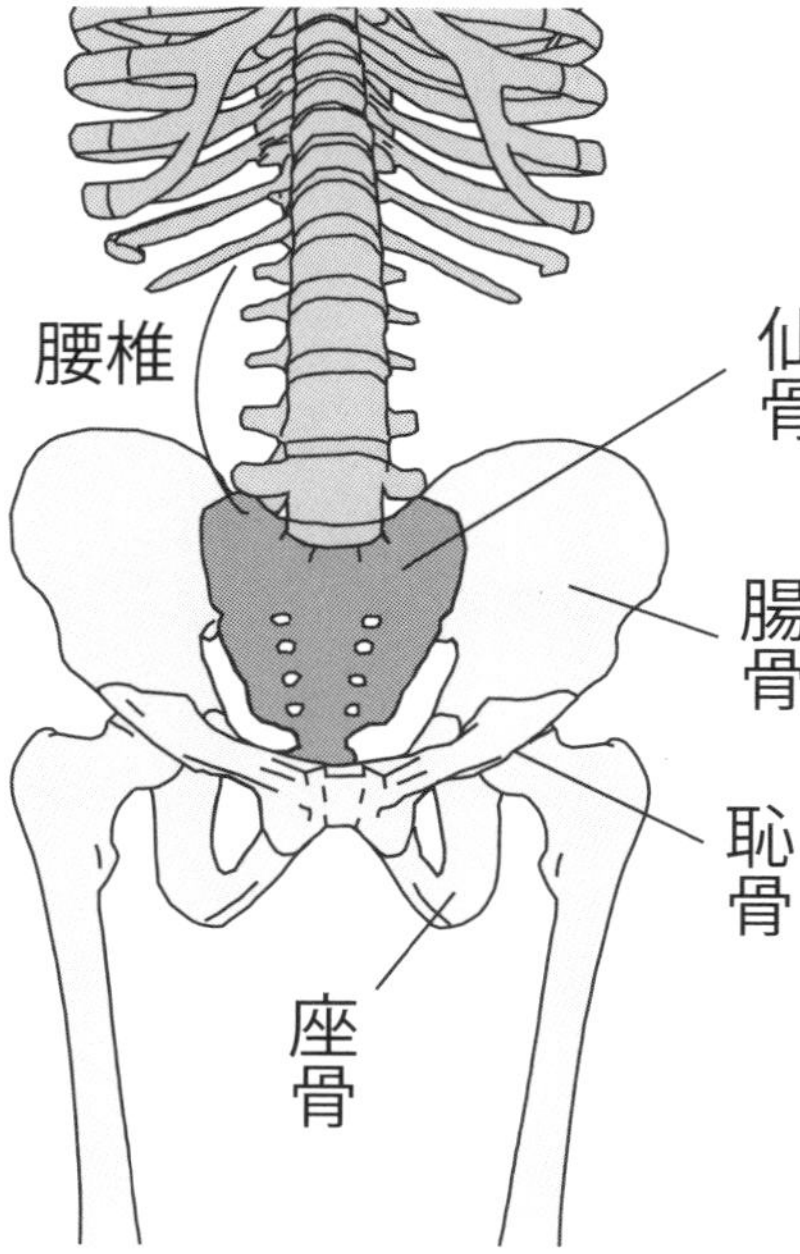

上半身と下半身は〝仙骨〟で繋がっている。

熟練者とは雲泥の差があります。

この動作の難しさは、斬り上げるゆえにまさに「手だけの動き」になりがちなのです。

斬り上げの極意は「エマす」という操作にあります。骨盤を開くようなイメージで、逆に腰の中心に力を集中させます（後述）。膝をバネとして使うこの操作によって全身が繋がり、全身から生起された力が大きな威力となって、切っ先に集中します。そしてその力の源は手足の筋力ではなく足腰で踵を踏む力なのです。

この、「全身を繋げて、大きな力を生み出す」というのは、古流剣術の基本原理です。私の最初の新陰流の師は、「新陰流は全身運動である」と言っていました。つまり、日本の古流剣術は、そもそも全身を繋げることが得意なのです。

言い換えれば、日本文化のポイントは〝腰〟にあります。〝腰〟は上半身と下半身を繋げる要所です。

これはだれもが聞いたことがあるでしょう。「腰を入れろ」「腰を利かせよ」「腰を使え」、どれも、大きな力を使おうという時、あるいはスポーツや踊り、職人技、何にでもよく使われる言葉です。

では、どう腰を使うのか？実はここが大きなポイントです。

古流剣術においては、ほとんどの場合、腰を捻りません。

捻らない？では使っていないのでは？

いいえ違うのです。昔の日本人は身体が丈夫なことを〝足腰が丈夫だ〟と言っていたように、腰を足との関連でとらえていたのです。その場合の「腰」は腰骨（腰椎または腸骨の上端）ではなく、その下の「仙骨」と捉えていたのです。仙骨とは腰の後ろの大きな三角形をした上半身と下半身を繋いでいる唯一の骨で、人類が二本足で立つためにできた、人間を人間たらしめている土台となる骨で、ほとんど動かず捻れることはありません。仙骨への意識、仙骨によって全身を繋げ、合理的に力を生み出していたのです。

今、身体を「部分」ではなく「全身」で使うということは、武術、武道のみならず、スポーツ、ダンス、あるいは肉体労働までをも含め、合理的身体稼働を求めるものならば何にとっても共通のテーマになっています。その、「全身を繋げること」に、日本武術の方法論ほど無理なく成功している例はないのです。

2　サムライは名ピッチャー⁉

先に「手投げ」の例を上げました。

全身を連動的に使うことができず、手だけで投げるようになってしまうことですが、この「手投げ」、上手な投げ方が身に付いてしまった人は、逆にやれと言われてもできません。

利き手と逆の方の手で投げる、という方法もありますが、これとて、要領のいい人は上手に投げられてしまいます。

「手投げ」の投球フォーム

投げると同時に、投げ手の逆側の足を踏み出すと、腰椎が捻られ、上半身と下半身が分断され、〝手だけ〟の投げ方になってしまう。

1

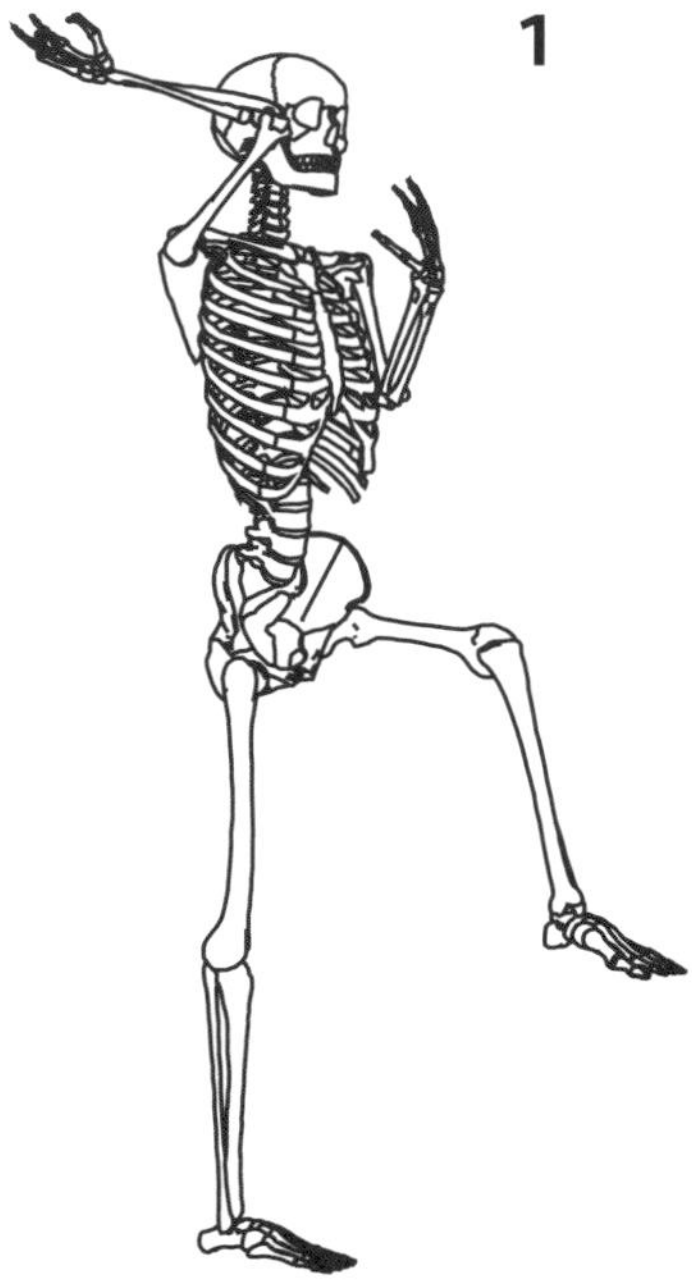

上手に「手投げ」をするために、とっておきの方法があります。なんだか矛盾があるようですが。

それは、投げると同時に、投げ手と逆側の足を踏み出すのです。

これによって腰（腰椎）が捻られ、上半身と下半身が分断されてしまうのです。見事な「手投げ」のできあがり。本当に下手な人はこんな手順を踏む必要はないのですが、これによって誰でも確実に「手投げ」になります。

2

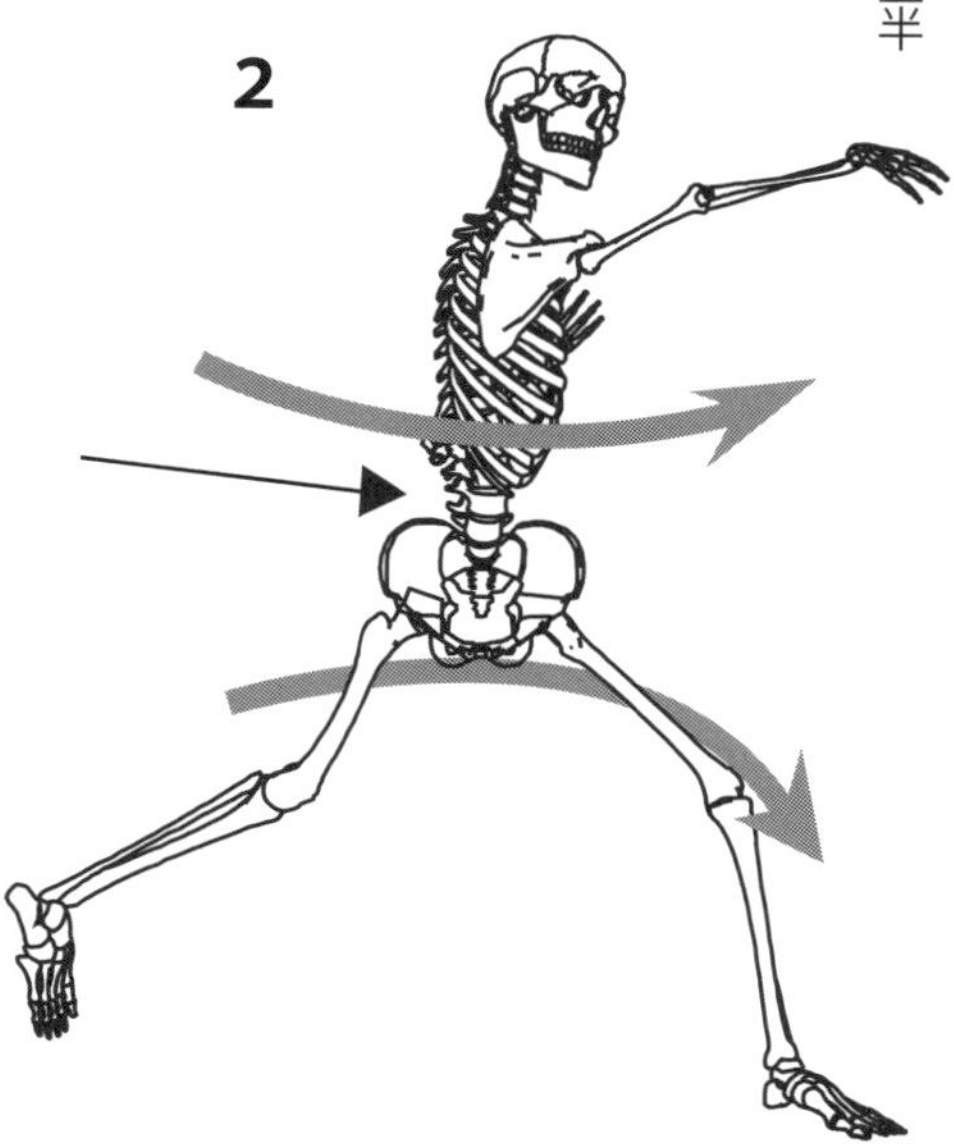

ちょうど右の図のような格好です。ちょっと格好悪いですね。

次ページの図は90〜2000年代に活躍した野茂英雄投手のピッチング・フォームです。格好いいですね。

野茂投手は、今でこそ当たり前になりつつある〝大リーグで通用する日本選手〟の先駆的な活躍を果たした、伝説の名ピッチャーです。バッターに背中を向けてしまうほど身体を捻るその独特なフォームは「トルネード（竜巻）投法」と呼ばれ、全身を使って投げる豪速球ピッチャーの象徴のような人でした。

「トルネード」というくらいのもので、「随分と腰を捻って投げている」印象をもっていた方も多いのではないでしょうか。しかし、ご注目下さい。実は腰（腰椎）が捻られている訳でないのです。

「手投げ」の例のように、上半身と下半身（骨盤）が逆方向に動く場面はありません。両者は常に一致しています。

つまり、全身を繋げて大きな運動力を得るための原則は、西洋スポーツも日本の古流武術も、少しも変わりはないの

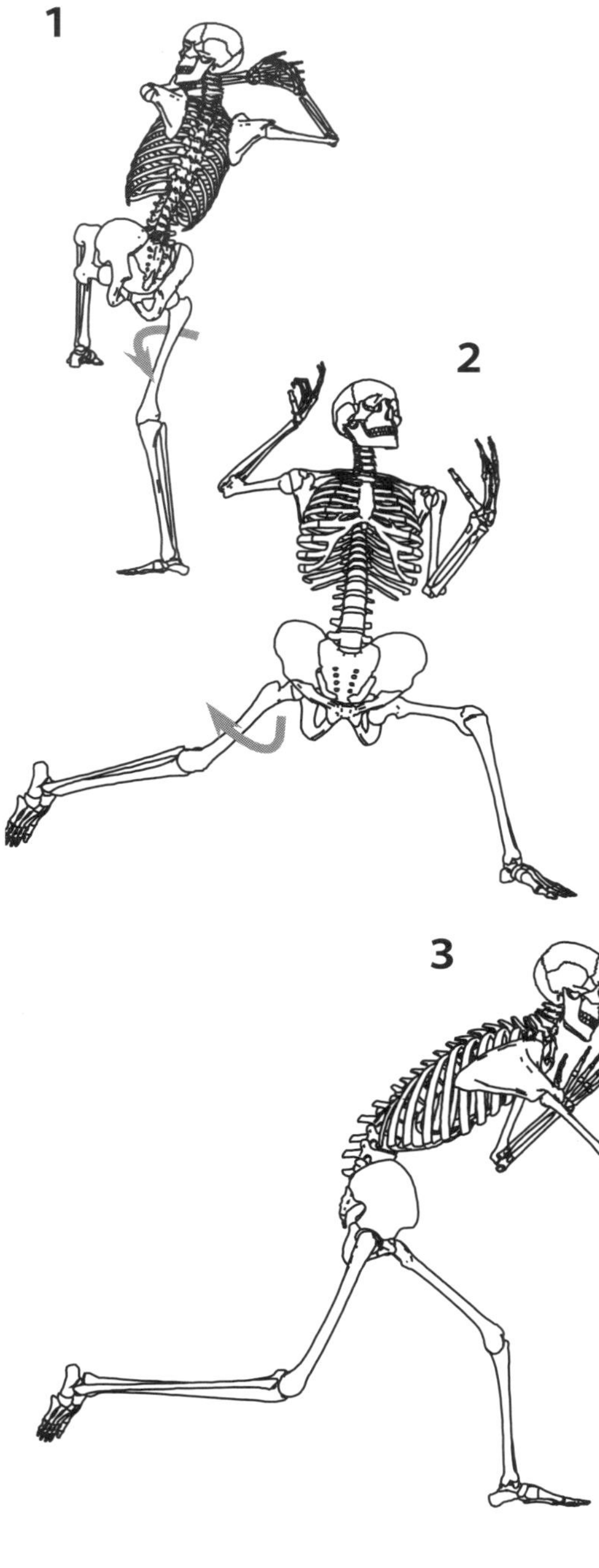

野茂投手の「トルネード投法」
おもに股関節の動きにより全身の向きを大きく変化させ、大きなスイングカを得ているが、腰椎は捻られていない。

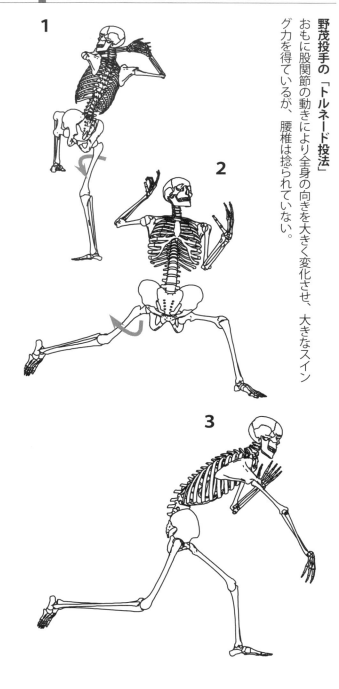

股関節の内旋と外旋
内旋させると、股関節は“はずれる”方向に、外旋すると“はまる”方向に動く。

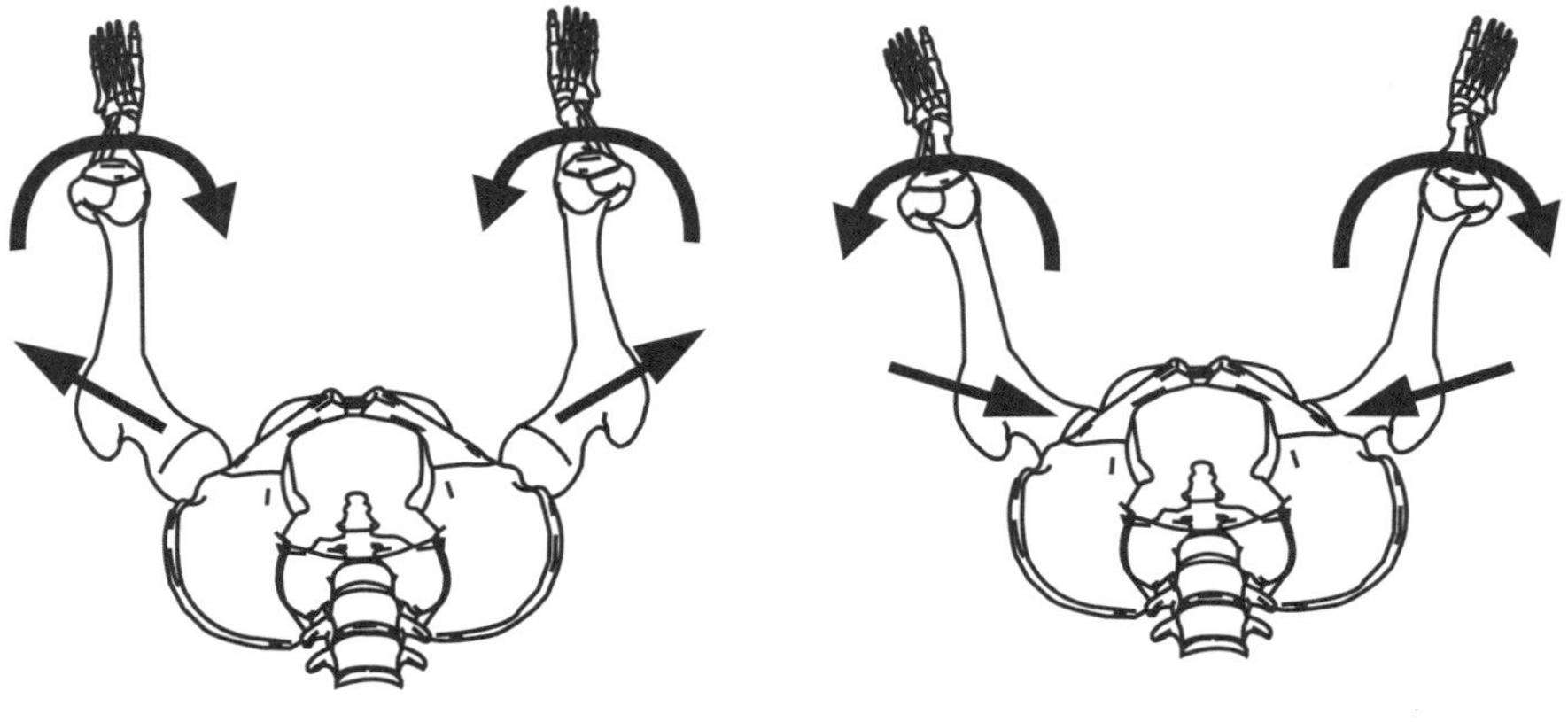

内　旋　　　　外　旋

です。全身を繋げて使うためには、腰椎を捻っては駄目なのです。

バッティングも同じです。〝腰を捻る〟印象があるかもしれませんが、骨盤と上半身の方向は常に一致しており、腰椎を捻ってはいません。

野茂投手だって「手投げ」と同じように、左足を踏み出しているじゃないか、と思う人もいるかもしれませんね。

その違いは、まずはタイミングです。野茂投手の左足は、投げるのと同時には踏み出されていません。

踏み出した左足を新たな拠点（軸）として、そこから右手を振るのと同時に右足が前方へ動いていきます。すなわち、骨盤の向き、上体の向き、腕の振り出しはすべて一致しているのです。

なぜ、あんなに捻っているように見えるのでしょうか？野茂投手の「トルネード投法」は、打者に背中を向けてしまうほど、骨盤～上体の向きを変えてしまいます。これを生んでいるのは、実は、右股関節の内旋（足を内に閉じる方向）～外旋（足を外に開く方向）運動です。

テイクバック（準備動作　図1）では右股関節を内旋させて向きを大きく変え、そこから外旋させながら投げています（図2～3）。

股関節を内旋させると、股関節は“はずれる”方向に、外旋させると“はまる”方向に動きます。（本当にはずれたりはしませんが）

“はまる”方向は、全身を繋げることの前提要件になりますが、実は前項で記した「エマす」という操作は、この、股関節の外旋が大きく関わっています。詳しくは後述します。

武術が求めていた操法が野茂投手と大きく違うところは、「そんなに大きなテイクバックをとっていたら、たちまち相手に動きが読まれてしまう」というところでしょう。

だから、武術は、最小限の動きで最大限の力が発揮できるように発達をとげてきました。

今、サムライにピッチャーをやらせたらどうなるでしょう。

きっと、ランナーに動きを読まれまいとする「セットポジション」よりもさらに小さな動きで、現代人には信じられないような速球を投げ放つのではないでしょうか。

もちろん、野茂投手ほどの豪速球は投げられないでしょう。それでも、大きなテイクバックをとってもよいのだ、ということを理解したら、野茂投手に匹敵するほどのスピード・ボールを投げてしまうかもしれません。

なぜなら、サムライは全身を繋ぐのが上手だからです。

本書でお伝えしようとしているのは、何にでも応用できる合理的身体操法のススメです。

全身を上手く繋げて使えるようになれば、武術だろうがスポーツだろうが、何だって上手くできるのです。

第1章

日本人の身体操作

1 狩猟民族と農耕民族

本書でご紹介するのは日本古流武術が培ってきた操法です。でも、特定の流派が編み出した秘密で特殊な操法、という訳ではありません。

ある意味、日本の古流武術に共通して存在する〝理〟、それがいわば「全身を繋げて使うこと」な訳ですが、なぜそれが世界の中のこの日本に、共通項的に生まれたのか。それには当然、日本という土地、民族的背景が前提条件として存在します。

まずはそこからみてみましょう。

日本人は農耕民族です。同じ農耕民族でも東南アジアは西欧の植民地であった時代が長く、文化や身体操作において西欧の影響下にあります。日本の農業は田植えや草取り、稲刈りなど長時間の農作業が必要とされます。そこで疲れない、腰を痛めない身体操作が生まれました。

それは実に簡単なことでした。

〝力をいれない〟ことです。

膝を緩めてバネとして使い、腰を垂直に沈める操作が自然に生まれました。

歩くのも踵をつけて重力に逆らわないでバランスを重視した歩き方になりました。鋤《すき》や鍬《くわ》、鋸《のこぎり》など手を使う農具は、道具の重心を自分の重心に近づけるように手元に引く使い方が疲れにくいということを自然に覚えました。

これはそのまま、武術にも継承されています。刀も突くよりは、丸く引き切る構造になったのです。

一方、西欧文明での戦闘方法を作りあげた民族は、狩猟民族であるゲルマン人と言われています。

狩猟では、より速く走り、より高く跳ぶことが絶対条件ですから、農耕民族と違って直線的に走って獲物を追いかけ、つま先立って飛びつきます。それには瞬発力を必要とし重力に逆らった筋力を付けようとする発想になりました。

狩猟は本質的には一人でできます。また獲物を捕まえるには速く走るなどの個人の能力がものをいいます。

日本は和の民族などと言われますが、それは伊達ではありません。思想のみならず、運動構造自体も、根強く〝和〟なのです。日本人の身体操法は、長年の生活スタイルを背景に必然的に生まれた、重力に逆らわない、バランスを重視したものだったのです。

2 日本武術の方法論

力をいれない、重力に逆らわない、これらがそのまま武術の原理にもなっていることに、違和感を覚える方も多いでしょう。

今の感覚ならば、強くなるためには誰よりも強い筋力が不可欠とまず考えるでしょうし、重力をものともせぬごとき、誰よりも高く跳べるジャンプ力があれば、間違いなく有利でしょう。

しかし、日本の古流武術において〝強い筋力をもって相手を制する〟方針を選んだ流儀は、ただの一つもないのです。

最小限の動作で最大限の力を発揮すること、これを筋力の増強によらず求めてきました。だからこそ、前章で掲げた「全身を繋げて使うこと」はより緻密に、高次元に追究されてきたのです。高次元とは難しい、という意味ではありません。逆です。〝誰でもできる〟ことこそが高次元の〝理〟です。

日本は近代まで鎌倉時代・室町時代・安土桃山時代・江戸時代と700年に渡って武士社会でした。武士とは戦うことを職業とした戦士です。しかし、日本の武術には誰が一番強いかを競う発想はありません。

誰が一番かということはルールを決めなければならず、あらゆる状況で勝たなければならない武術とは発想を異にします。戦場での一番槍は速さではなく誰もが持たなければいけない勇気が試されています。

今は、スポーツでもビジネスでも学業でも、「一握りの優れた人間がトップに立てる」という発想のもと、営まれていると思います。すなわち、競争です。偏差値で上にいなければ、〝上〟とは言えないのです。

戦うことの中で育んできた日本武術の〝理〟。逆説的なようですが、それは「相手より優れていること」ではありませんでした。

〝自分自身を最大限に活用すること〟だったのです。

3　背骨と仙骨――動物と運動

力をいれない、重力に逆らわない、というのも、腕力や脚力を鍛えよう、というのと比べると、何だか漠然としています。どこを？　どうすればいい？

日本人の身体観の中で重要な部位はどこなのか？

それは、本書のテーマとも言える、背骨と仙骨です。

動物発生学からみると地球上で生命が発生したのは、「三〇億年以上まえの海のなか」（三木成夫『胎児の誕生』）と言われています。

最初は動物の腸が海の中を漂っているような姿をした無脊椎動物が姿を現し、やがて四本の鰭《ひれ》ができ、海の中を自由に泳ぎ回ると同時に水中で酸素を呼吸するための鰓《えら》が生まれます。魚類の誕生です。

数億年の後、水中の酸素が少なくなったため、魚類は先に上陸した植物が空気中に放出する酸素を求めて上陸し始めます。この「脊椎動物の上陸」といわれる大事業は一万年かかったと言われます。

陸上に這い上がった魚類は呼吸するために鰓の一部が肺に変化し、陸上を移動するため前の鰭と後ろの鰭が四本足に変化しました。そこでそのまま進化が止まった脊椎動物が両生類・は虫類です。両者共に身体の横から出た四本足で背骨を左右に動かし腹を地面に付けて陸上を這い回っていました。

やがて陸上生活の中で、素早い移動のために四本足で身体を支えるために股関節と肩関節が発達しました。ほ乳類の誕生です。は虫類では腹部まであった肋骨がほ乳類の背骨の下の部分からはなくなっています。その部分には横隔膜ができます。こうして背骨の可動性が高まり、呼吸の能力が高まりました。

そして上半身と下半身の間に骨は仙骨が、筋肉は大腰筋が発達し、二本足で立つようになりました。人類の祖先の誕生です。

同じほ乳類である四足動物と人間の大きな違いは、仙骨と大殿筋、脊柱起立筋の奥の多裂筋、大腰筋などの立った背骨を支える筋肉以外に、四足動物の内臓は腹筋や胸筋で支えられていますが、人間の内臓はお尻のまわりの筋肉――骨盤底筋と腹横筋で支えられていることです。

魚類から四足歩行動物、そして二足歩行に進化した生物にとって、最大限発達したのは上体を垂直に支える骨盤であり、とくに背骨の土台となる仙骨だった。

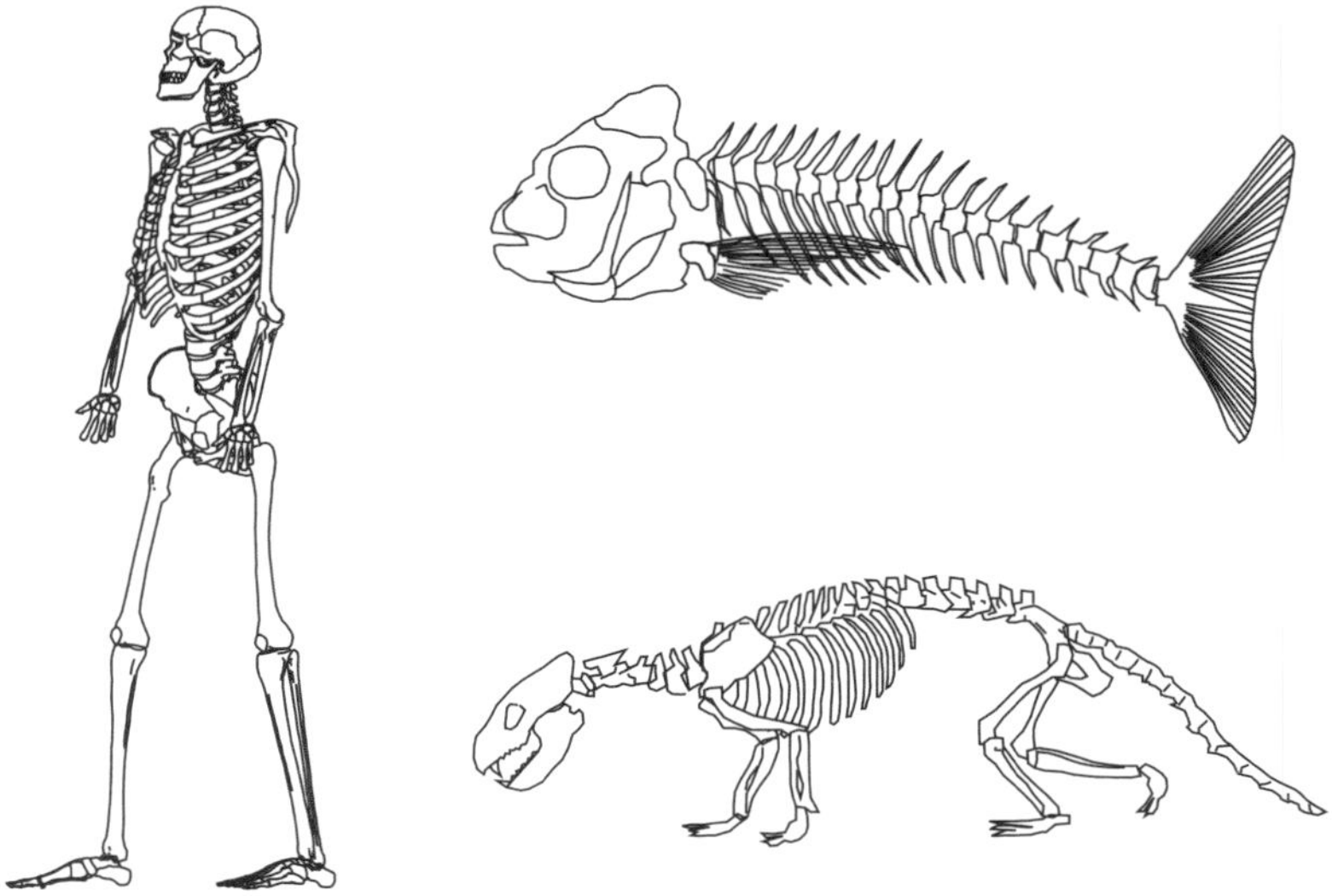

　こうしてついに手を自由に動かすために二本足で立つようになりました。人類の祖先の誕生です。以上の数億年をかけて行われた進化は子供の誕生に繰り返されます。これを「個体発生は系統発生を繰り返す」と言います。

　胎児が羊水の中で浮かんでいるのは魚が海で泳いでいた古代の繰り返しであり、産道を通って生まれるのは脊椎動物の上陸に相応します。はいはい＝四足動物の状態であり、やがて二本足で立ち上がることで脳が発達して人類となるのです。

　このように地球の重力に逆らって立ち上がったということが人類の最大の進化です。

　そのために背骨を支える色々な器官が発達していきました。その内で最大の器官は背骨の土台となる仙骨です。

　立ち上がった人類の次の課題は倒れないようになることです。そのためにさらに背骨と背骨を支える脊柱起立筋・多裂筋や大腰筋が強化されます。

　仙骨は背骨と足をつなぐ骨が直立起立の土台となるために発達して形成された背骨の一部です。四足動物は仙骨がほとんど発達していません。

　仙骨はあまり動かないと思われており、動きの大きい腰椎が身体の要と思われていますが、骨盤の中心にあり腰椎骨盤～背骨とともに、上半身を垂直に支えるために欠かせない働きをしている脊柱起立筋群。仙骨から頸椎にかけての背骨近辺に分布しており、そのさらに深層に多裂筋がある。

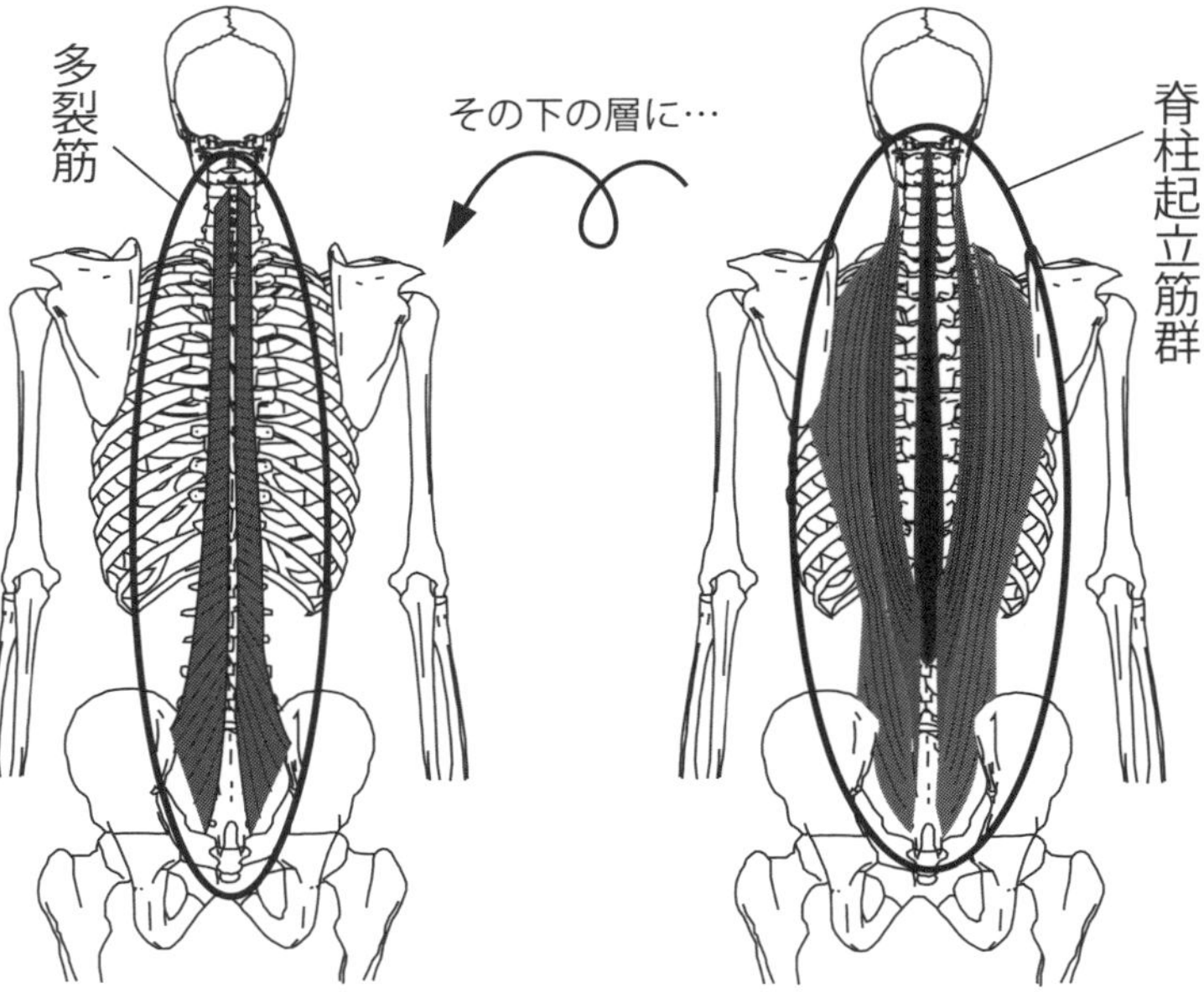

脊柱起立筋とともに上体を保つ大きな役目を担っている大腰筋。脊椎と大腿骨を繋いでいるため、腿を前方に上げる働きもある。

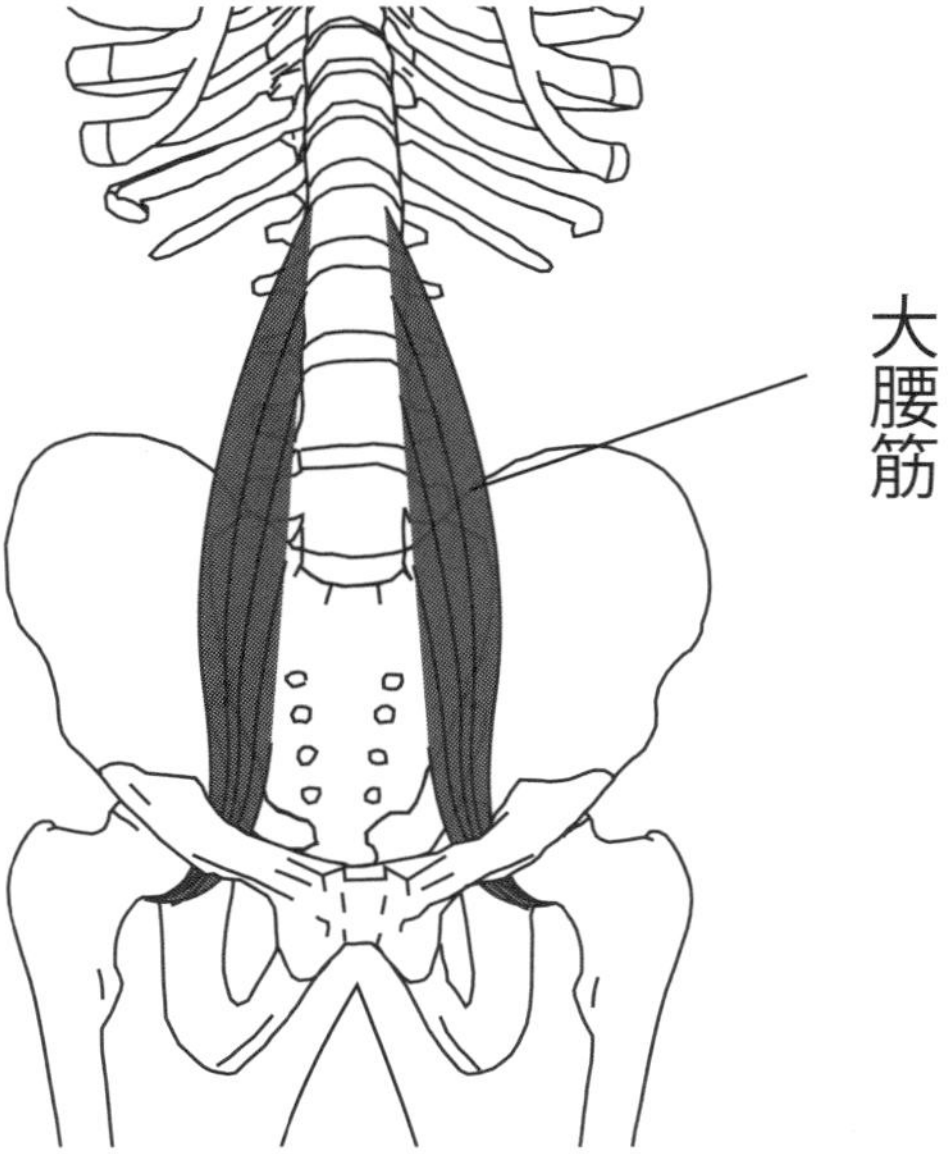

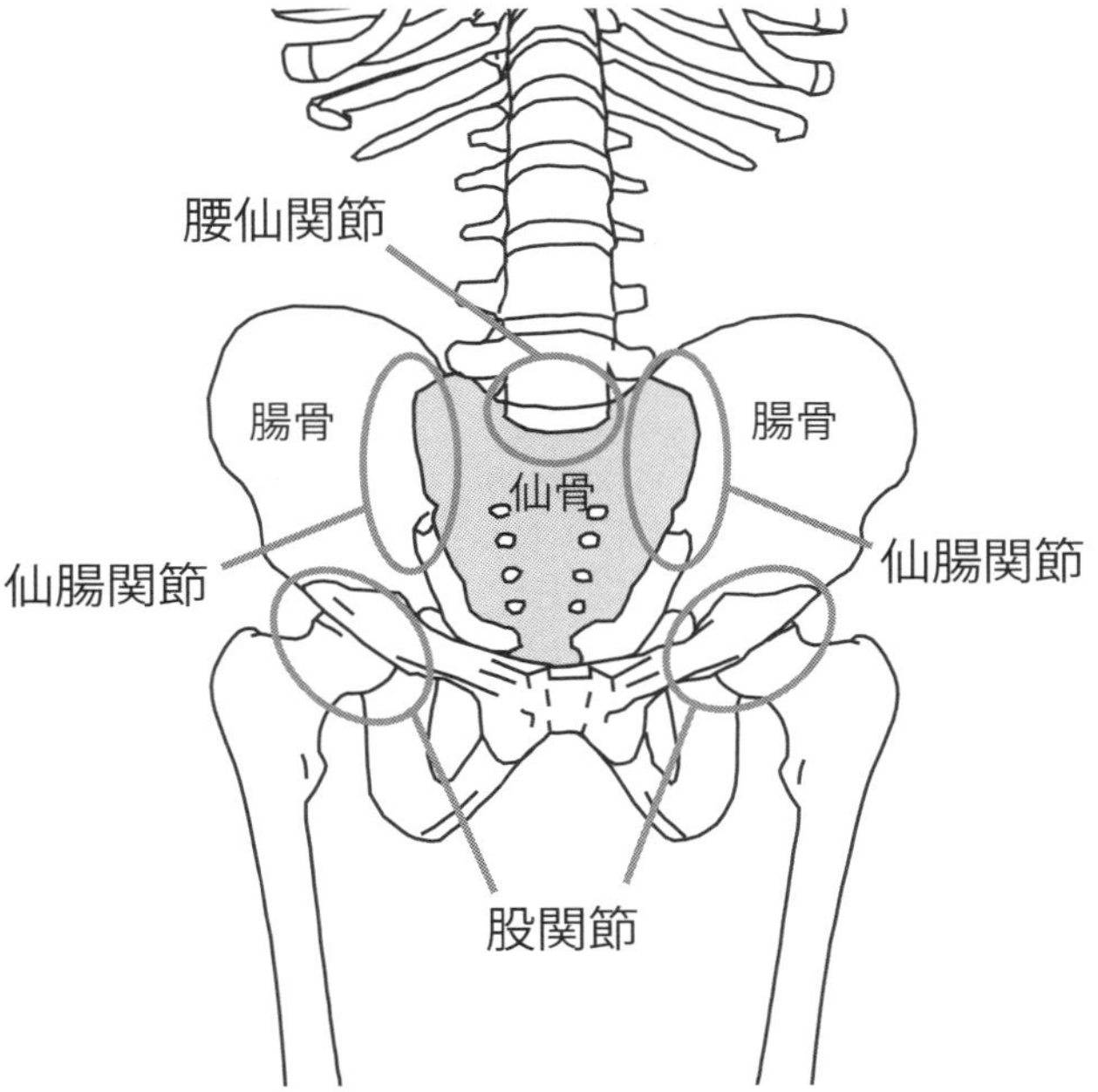

を支えている仙骨が人類の直立二本足歩行のための最も重要な骨です。

腰は身体（月で表す）の要《かなめ》と書きますが、それは腰椎ではなく仙骨であるというのが本書の立場です。

ここでおさえておくべきことは、背骨を上下左右に捻って動く四足動物と違って直立した人間の背骨は立つために最大の働きをしており、本来捻るようにはなっていないことです。腰は腰椎だけの捻りによるならば5度しか回りません。

仙骨と足の骨を結びつけているのが腸骨で、仙骨と腸骨を結びつけているのが仙腸関節、腸骨と足の骨を結びつけているのが股関節、腰椎と仙骨の間には腰仙関節があります。それらが組み合わさって骨盤を形成しています。

仙骨は最初は5本の骨に分かれ、成長につれて次第に融合していきます。10代までは柔軟性が残り、しっかりとした一個の骨になるには思春期までかかります。仙骨が大きく頑丈な骨になるのは起立した上半身の重さを支える土台となるためです。そのため仙骨は動かないと言われてきました。しかし数ミリですが縦横に動きます。高層ビルの土台は地震の揺れを吸収しなければ倒れますがそれと同じように、仙骨の揺れは微かですが身体のためには重要な要素です。武蔵は『兵道鏡』で「下（下半身）は揺るぐとも、上の動かざるように」と背骨の揺れに注目しています（第3章参照）。

仙骨は土台としての役割と背骨のクッションとなるカーブを決める以外に、骨盤の中心に位置して、仙腸関節を通して体重を左右に分ける、足腰の力を背骨に伝えるという身体の上下の力の分岐点となっています。仙骨には限りない可能性があり、その重要性は強調してしすぎることはありません。なお骨盤の下の坐骨・恥骨・腸骨は仙骨と同じように思春期ごろまでは分かれています。

骨を支え動かしているのが筋肉です。そのうち背骨を支え姿勢や運動に大きな影響を与えている筋肉が後頭骨から仙骨まで走っている多裂筋・脊椎起立筋群と大腰筋です。脊柱起立筋群は表層筋ですが、背骨に付着した深層筋である多裂筋が腰部で発達した筋肉です。

上半身と下半身が結びつけている唯一の骨が仙骨ならば、上半身と下半身を結びつけている唯一の筋肉は大腰筋で最近とみに重視されています。

大腰筋は胸椎の一番下の12番と腰椎1～5番の背骨から出て仙骨と同じく骨盤の中心を通っている深層筋です。背骨と足腰の筋肉を鍛え身体の運動機能を高めるためには最も重要な筋肉であり、また高齢化社会の中で老化や寝たきり防止の筋肉として注目されています。

4 何をやるにも〝全身運動〟

大腰筋は本来、大腿骨を上げる動きにも使われるものですが、表層的な身体の使い方が蔓延してしまった昨今、使おうと思ってもなかなか使えない筋肉なのです。

しかし、日本人は昔から仙骨と大腰筋を重視した身体使いをしていました。

日本武術の特徴は身体を捻らないことです。ナンバ歩きとは本来、同側の腰と肩を左右交互に出して歩きます。ここで言う腰とは腸骨のことです。手は足の動きに従って自然な動きにまかせますが、武士は左手を刀にかけて、商人は両手を前に組む場合が多かったようです。日本人が腰を出して歩くという時の腰は腰椎ではなく仙骨を中心とする骨盤で、歩く動力源は踵を踏む力です。それが全身にいきわたるために膝のバネを使います。

ナンバ歩きでは、上半身と下半身の動きがリンクしているため、〝脚を上げる〟ということに上半身の力が稼働されます。おそらく今、ほとんどの人は、腿の筋肉だけを使って上げているでしょう。

かつての日本人の身体操法では、歩くことひとつとっても全身で行なっていたのです。身体を捻らず、真っ直ぐで自然な良い状態をできるだけ維持しようとした日本人の操法は、末端の筋肉ではなく、〝中心〟の筋肉が稼働されるものでした。

現在一般的な歩き方は左足を出すと同時に右手を出し、右足を出す時には左手を出す、という腰椎を左右に捻りながら行なうものだが、明治以前の日本で一般的だった「ナンバ歩き」は腰椎に捻りが生じない。

ナンバ歩き

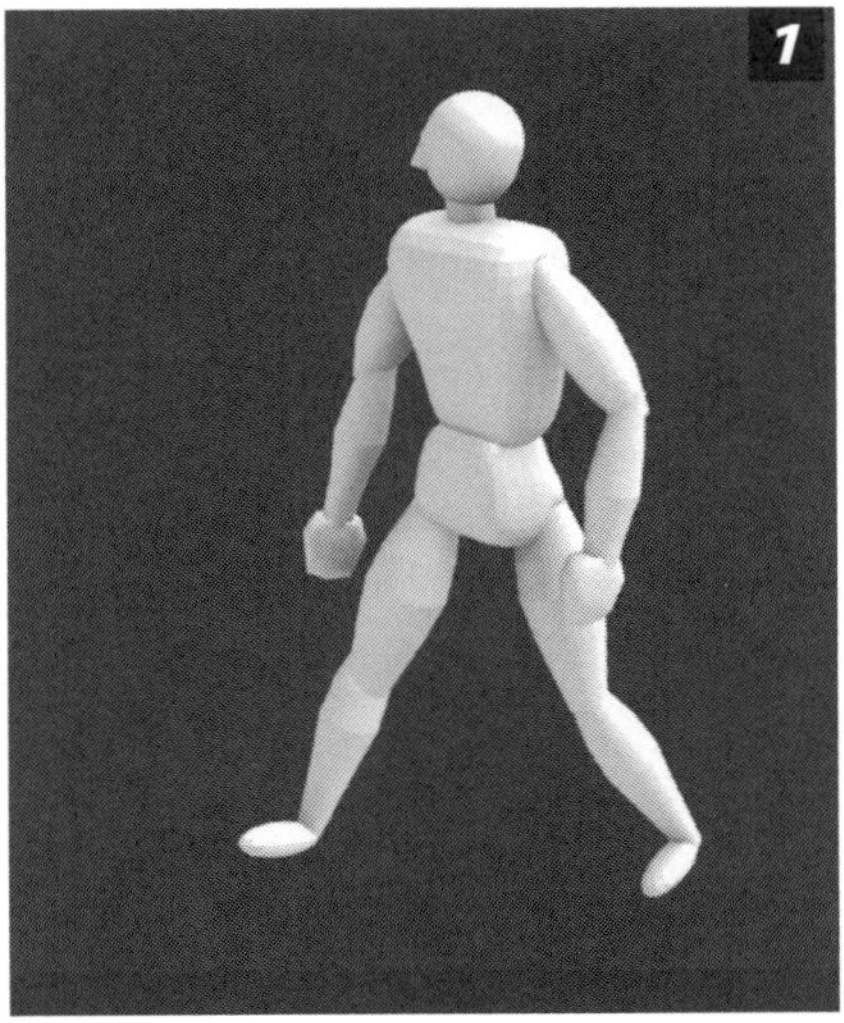

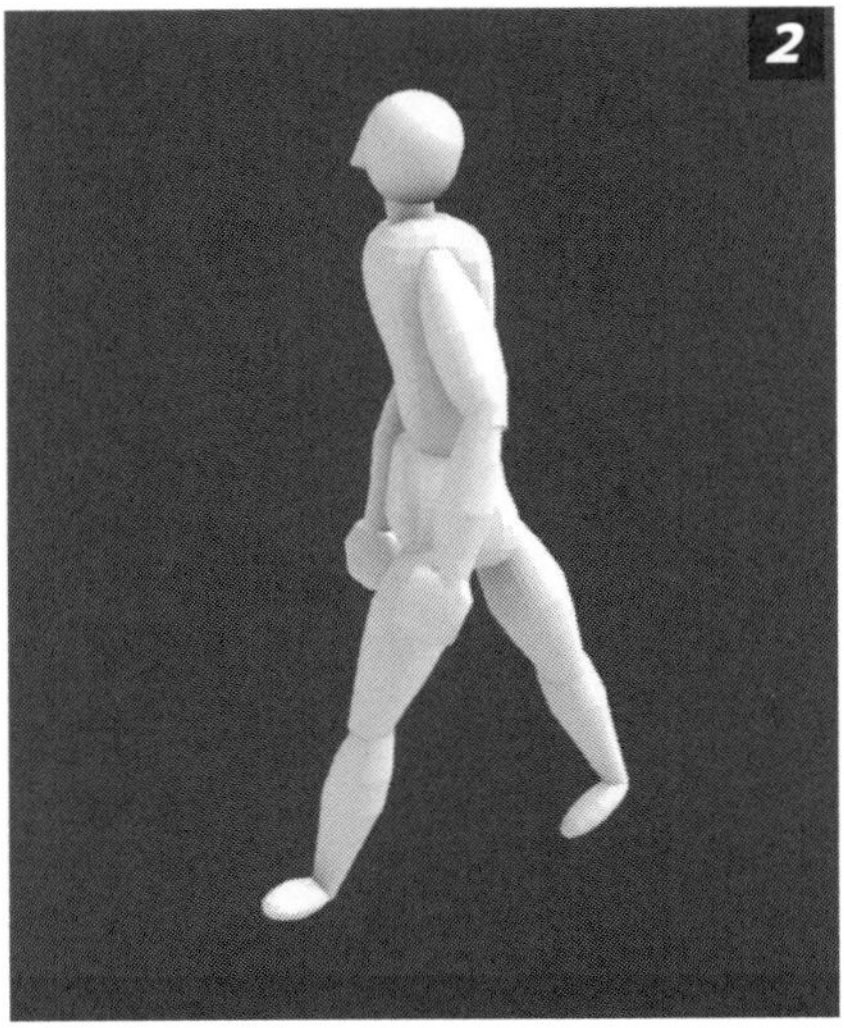

一般的な西洋式歩き

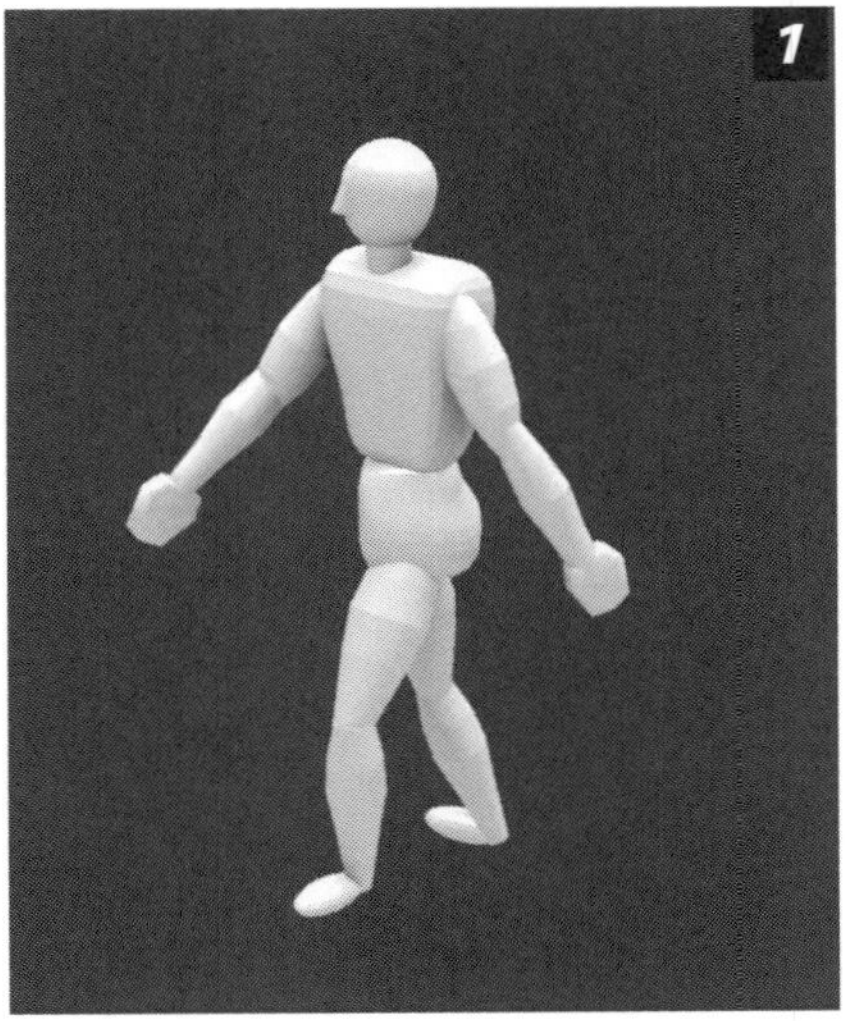

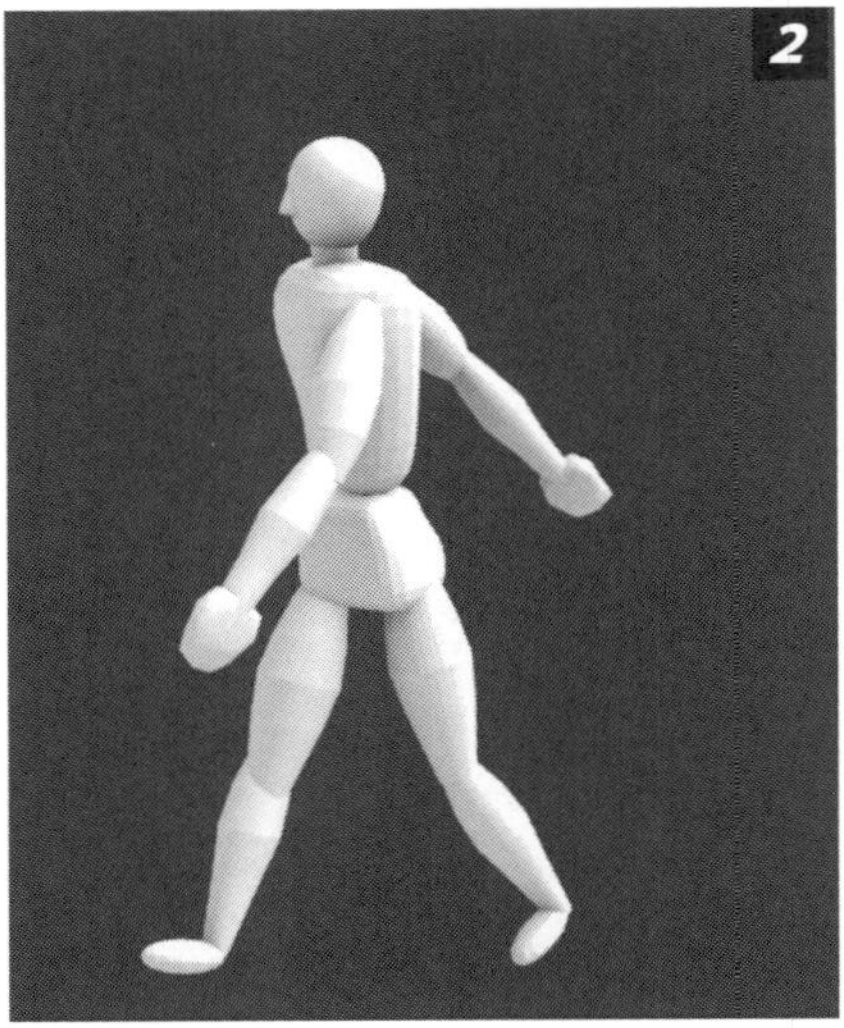

西洋のボクシングでは腰椎を捻る力も活用される。

ヨーロッパ武術はボクシングなどに見られるように腰を捻る力を使います。したがって筋肉を鍛えることが最優先されます。ヨーロッパの戦闘の方式を作り上げたゲルマン人の筋肉信仰には強いものがあります。

なお、オリンピックは人間がどれだけ生まれついた自然性を超えて身体能力を発展させることができるかという人間の祭典です。しかし日本の武術はいかに自然性を取戻すかという自然回帰の方法論です。

日本では武士は平安時代末、東国の富裕な農民層から誕生したといわれています。彼らの動きが日本の武術の動きの基礎になったのです。

鎌倉時代から七百年間武士の時代が続きます。室町時代後期の戦国時代に武術流派が生まれました。武術の本質は身を護り敵に勝つために敵を倒すことです。武士の表芸は腰に差した刀を使う剣術であり剣術は刀で敵を斬る技術です。

その技を得るために流祖達は神や天狗などの超自然的な存在に助けを乞うこともありましたが、本質的には実戦の中で身体の能力を開発していきました。剣術の技は実戦で獲得した技が始まりです。

そういう意味合いにおいて、柳生新陰流で最も有名な技が「逆風の太刀」です。柳生宗厳の四男・五郎右衛門が飯山の戦いでこの太刀一本で十八人の武者を倒したと言われています。それにより柳生新陰流の名が日本国中に知れ渡りました。

「逆風の太刀」（左掲写真参照）

1　我は敵の頭を斬らんと太刀を大きく振りかぶります。

2　しかし実際は前に出た拳に小さく斬りつけます。

3　大袈裟掛けに斬りかかってくると身構えた敵は、拳への小さな斬撃だったので余裕を持って太刀を振りかぶり、我の太刀を外します。我は小さく打ち付けた太刀を左脇に引き〝車《しゃ》〟に構えます。

4　敵はガラ空きになった頭を隙と見て大きく打ちかかります。我は敵の右腕を、身と太刀を回して打ち止めて勝ちます。敵が鎧を着ている場合は下から逆袈裟に首と脇を斬

柳生五郎右衛門がこの技で十八人の武者を倒したと伝えられる「逆風の太刀」（柳生新陰流）。大きく打つと見せて（1）、小さく打ち（2）、引いて構える（3）。この構えが相手には実際よりも遠く見えるため、相手が大きく打ってこようとする瞬間をコンパクトに仕留める（4）。右・左という連続の振りの中、常に腰を捻らない〝同側〟になっている操法にも注目。

り上げる鎧太刀という勝ち方もあります。大坪先生は「鎧首がすっ飛んだ」と言われました。
ポイントは4で、一瞬腰がしっかりと敵に正対し、太刀が肩先で回って斬る太刀筋になっていることです。(基本技)
修練を積まないと腰が正対しないで太刀を手だけで、肩先ではなく二の腕の外側から出してそのまま手だけで打ってしまい、斬り下ろす太刀筋にはなりません。
飯山の戦いは乱戦だったのでまわりの敵は五郎右衛門の太刀筋を見てはいないので、五郎右衛門は新たな敵に次々と同じ太刀筋で先をかけて斬りかかり、18人を倒すことができたのだと伝えられています。

みなさんも武術の型としてではなく身体運用としてやってみてください。すべての動きで腰が捻れないことがポイントです。

第2章

古流剣術の身体操作

1 古流武術の効用

私は少年の頃から日本の伝統武術に関心があり、本当の日本の武士の武術を求めて武術遍歴をしてきました。

そして名古屋の春風館道場で江戸時代の武士が行ってきた柳生新陰流、宮本武蔵の円明流に出会い、毎週金曜日鎌倉から名古屋に稽古に通い、目録を伝授され、春風館関東支部長に任じられ、現在では鎌倉・横須賀・横浜を中心に稽古会を主宰しています。

初期の稽古会に入門した門人の中で、ウォーキング・インストラクターがいます。彼女は、ある日「日本にこんなに素晴らしい運動があるのに、なぜ多くの人が外国由来の運動をやるのだろう」と言いました。

彼女ははじめ、武術を運動として興味を持っていたのですが、次第に日本の武術には生涯かけて極める道があるのだということに目覚め、熱心に稽古し、今では目録を得て稽古会の指導員になりました。

本書を書くにいたった動機も彼女の発言が大きかったのです。本書の実技（打太刀および古武術体操）のモデルは彼女に依頼しています。

私の稽古会は当時、私が勤務していた大学の公開講座として平日の昼間に始まった関係で、武術の修行者だけでなく、以前から興味のあった武術を健康のためにやってみたい女性や高齢者が沢山入門しました。

指導する過程で武術などやったことのない女性の上達が早い事に驚かされました。そして高齢者の姿勢が次第によくなり腰痛や膝痛が改善されていくのを目の当たりにし、日本の伝統武術は日本人の身体に合っているのではないかという思いを強くしました。

また、古武術が上達するためには、武術修行者の多くが求める型稽古だけでなく、型を支えている身体への関心がなければ難しいということを実感し、「日本の伝統武術と日本人の身体」というテーマで研究・指導を続けました。

その結果、最近注目されている背骨や深層筋を重視した健康運動のエッセンスは江戸時代の武術の動きと同じであることに気が付き、武術を健康法としても教え始めました。

多くの入門者が感じているように極意を求める鍛錬の道が生涯続けられる健康法でもあるということは素晴らしいことではないでしょうか。若い人ばかりでなく高齢者も、これからを生きる人生の意義が見つかったと喜んで稽古に励んでいます。

2　基本的な太刀操作

　最初に二つの基本的な運動を二つ紹介しましょう。日本武術の特色は直線的攻撃を円運動で捌くということです。代表として柳生新陰流の「廻し打ち」と円明流の「斬り上げ」を取り上げます。

「廻し打ち」は太刀を大きく後ろから廻します。背骨を真直ぐに立て太刀を手ではなく肩関節から廻します。自分から先に懸かっていかないで「敵に従って転回する」ことを極意とする柳生新陰流の基本的な太刀操作です。

「斬り上げ」は太刀を下から左右に8の字を書くよう股関節から回します。下から斬り上げる太刀先に斬撃力を与えるためには膝を緩め、腰をわずかに下げることが術理です。膝をバネとして使うためです。

　この膝を緩め、腰をわずかに下げる働きを新陰流でも「エマス」と言って重視します。先をかけて攻め、打たれまいと打ってくる敵を下から斬り上げる宮本武蔵の円明流の基本的な太刀操作です。武蔵は『五輪書』で太刀の斬り方は五本でいいと言い、そのうち四本は下からの斬り上げです。

　この二つの太刀操作に共通しているものがあります。

①背骨を真直に立て胸の力を抜くこと
②股関節と肩甲骨の可動性と腰に力を入れること
③膝を固めないでバネとして使うこと

　これらの多くは現在の運動理論で強調されている身体操作です。日本の武術はもともとそれらを重視した身体操作をしていたのです。

　戦国時代には敵を倒すための術であった剣術も、戦いのない江戸中期には「養生のため」（松浦静山）にも稽古されていました。武術は江戸時代にはすでに敵を倒す武術的

柳生新陰流「廻し打ち」

背骨を真っ直ぐにして、その状態を常に維持しながら、左右斜めに連続して振る。左側から振る時は左足を、右側から振る時は右足を踏み出す。肘を伸ばし、肩関節を意識して肩甲骨を肋骨上を滑らせるように大きく振る。

4
3

円明流「斬り上げ」

背骨を真っ直ぐにして、その状態を常に維持しながら、下から8の字を描くように、股関節から回す。左側から斬り上げる時は左足を、右側から斬り上げる時は右足を踏み出す。顔の前でなく大きく後ろから廻す。

5

6

7

8

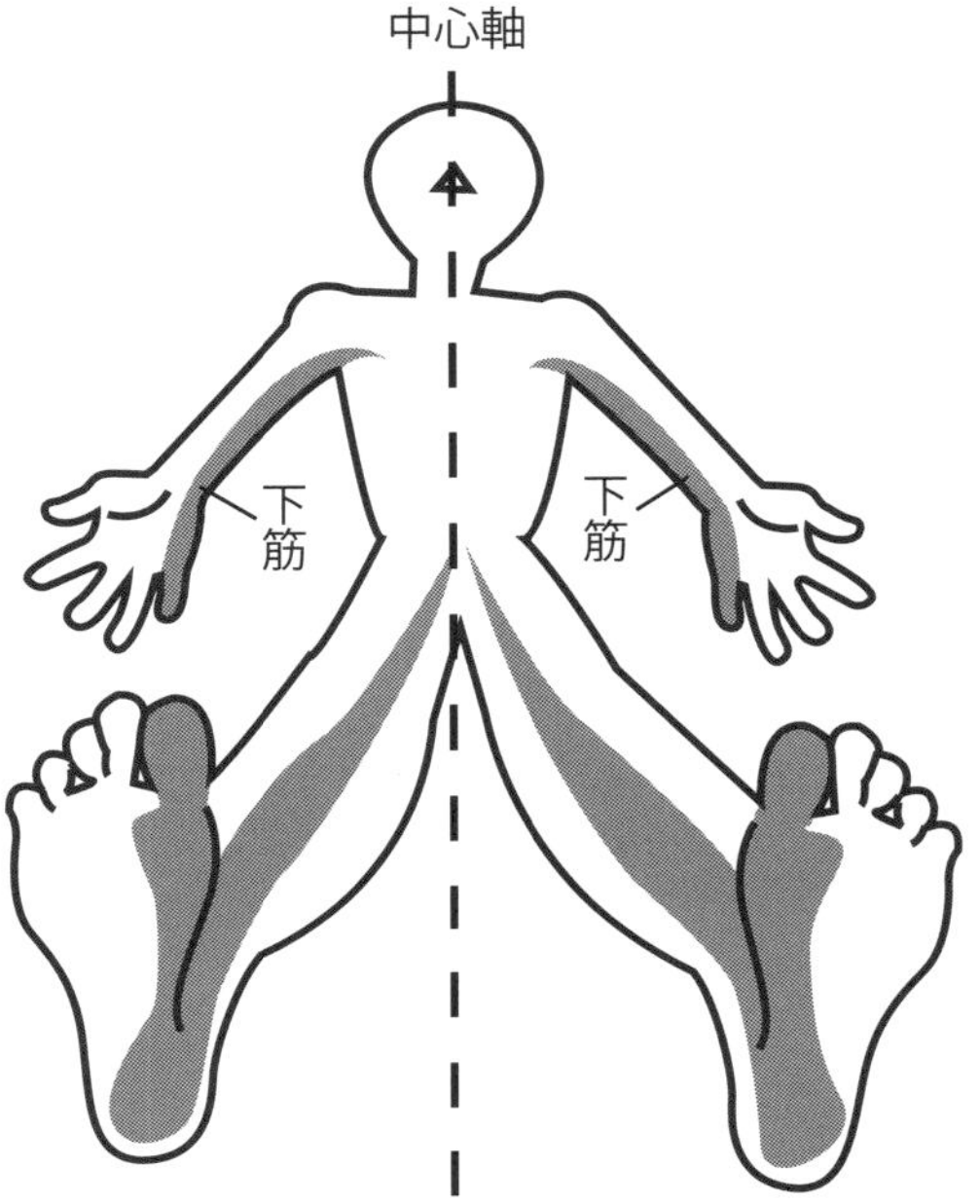

「足は親指、手は小指」とは、剣術、体術問わず古流武術で普遍的に用いられている要訣だが、これらは中心軸に近い側の指であり、ひいては末端から力を生むのでなく、体幹から力を生起せよ、という教えを意味している。とくに古流剣術で言われるのが力はカカトから生む、という事。同様の事を宮本武蔵は「きびすを強く踏むべし」と『五輪書』に記している。手においては、柳生新陰流では〝下筋（したすじ：小指から腋へ至る、中段に刀を構えた時に下側にくるライン）を効かす〟事が重要とされている。

技と健康法の両面があったのです。

私の稽古会では最初にこの二つの太刀操作を行います。まずこの二つを練習してみて下さい。

どちらも最初は手だけで太刀を回してしまうと思います。斬る太刀筋で、太刀を後ろから大きく回して行くことを心がけてみて下さい。

いかがですか。現代の身体論で問題となっている背骨・肩甲骨・股関節・膝関節・肘関節、それに骨を支える筋肉、脊柱起立筋・腹横筋・大腰筋やハムストリングスが十分に働くことを体感したと思います。

スポーツは手を使って投げたりパンチしたり、足で走ったり蹴ったりそのスポーツに特化された筋肉を鍛えますが、日本の武術は全身の骨と筋肉を繋げてバランス力で行います。そして全身を繋げているのが仙骨なのです。

3 威力を増すには？

日本の武術には「足は親指、手は小指」という言葉があります。この意味がわかりますか？

足は親指側が、手は小指側が身体の中心線に近いので、力が中心に集まり大きな力が出せるという事なのです。親指自体はむしろ力を抜きます。柳生新陰流でも円明流でも踵の力がぬけないように親指を少し上げます。

身体の中心といえばもちろん背骨です。そして運動の根本原理は背骨にあるのです。動物発生学的に人類の背骨の成立を見てみると運動の本質と運動とはどうあるべきかという姿が見えてくるのです。

さて、先にやっていただいた「廻し打ち」と「斬り上げ」ですが、慣れてくるほどに、もっと威力ある振りにしたくなりますよね。

どうしますか？

駄目ですよ、腕力にまかせて力づくで振り回そうとしちゃ。それをやらないのが日本の身体操法でしたね。第一、腕力まかせに振り回そうとすると、上体の姿勢が乱れませんか？　背骨を真っ直ぐにしてその状態を維持しながら中心軸を意識して行なうのが、この動作の前提ですからね。

そこでこの「足は親指、手は小指」なんです。小指を締めて握った両手の手の内を変えることなく足の親指～踵側に重心をのせ、後で述べるように仙骨を締めるように力を入れてみて下さい。

いかがですか？

全身からの力が切っ先に集まって行く感覚があるでしょう。

外見上は、身体の使い方は全然変わっているようには見えないでしょう。でも、全然違うのです。柔らかい棒など、叩いても差し支えないようなものを使い実際に打って、違いを確認してみて下さい。

相手からは見えないくらいの小さな違いの中で、大きな威力を作り出す、それが日本の武術が求めて来たものなのです。

これであなたは、古流剣術の身体使いの基本が身に付きました。何にでも応用がきく、最基本です。

では、本書が目的とする「全身を繋げて使う、最も合理的な身体操法」を目指して、さらなるエクササイズを進めていきましょう。

第3章

最高の姿勢を作る

——全身を繋ぐために①

1 宮本武蔵『兵道鏡』

本書で、戦国時代の実戦的刀法から生まれた古流剣術「柳生新陰流」「円明流」の技法、術理をひもときつつ各所で紹介する「古武術体操」は、日本人本来の本当の意味で合理的な身体操法を取り戻していただくためのものです。

それを手に入れる手段として宮本武蔵が24歳で書いた『兵道鏡』を選びました。なにしろ吉岡一門との三度の決闘に勝利した翌年書いた実利の書なのですから。武蔵は『五輪書』の冒頭で13歳から28、9歳までの間に「六十余度まで勝負すといえども、一度もその利（実理）を失わず」と書いています。

しかしそれは武術だけに特化したものではなく、同じ『五輪書』で「常の身を兵法の身とし、兵法の身を常の身とする事肝要なり」と言っているように我々の日常の身体のあり方でもあるのです。

江戸時代を通じて最も有名で影響力の強い流派は家康に認められて徳川家の御家流となった柳生新陰流で、最も有名な剣豪は宮本武蔵です。柳生家は戦国時代大和地方の小領主として度重なる合戦を生き延び、武蔵は23歳で吉岡一門との三度の決闘に勝利し「円明流」を創流しています。新陰流も円明流も戦国時代の実戦経験の中から生まれています。

柳生宗矩の『兵法家伝書』と武蔵の『五輪書』は二大武術書と言われています。この二人には名古屋で交流があり、武蔵の円明流と尾張の柳生新陰流は互いに影響しあい、江戸時代末までも切磋琢磨を続け、現代においても名古屋の春風館道場および関東支部に江戸時代の武士が遣ったままに伝えられ稽古しています。

この二流儀には『五輪書』と『兵法家伝書』だけでなく多くの術理書が書かれています。実戦で戦った戦国武士の剣術の太刀筋と身体操作を知るにはこの二流派が最適です。特に決闘の翌年24歳で書いた円明流の術理書『兵道鏡』は重要です。私は日本で最初に剣術の極意を身体だけで論じた身体論の名著だと思っています。

最晩年死の床で書かれた『五輪書』も重要な文献ですが、その成立の事情から武蔵本来の考え方とはかけ離れた部分があります。「地の巻」の大なる兵法論と「空の巻」は武蔵本来の考えではなく、兵法書を書くように命じた細川忠利が印可を受けた柳生新陰流の『兵法家伝書』の影響が見られます。ただ剣術の技術論である「水の巻」と「火の巻」

の戦い方の部分は『兵道鏡』の延長上にあります。

本書では『兵道鏡』と柳生新陰流を元に日本人の身体遣いを探求していきます。『兵道鏡』の最初の六条は身体論となっています。武蔵の身体論は現代の身体論に多くの示唆を与えてくれます。

2 〝空より釣り下げられたる〟姿勢

『兵道鏡』
第一条、心持ちの事　付けたり座の次第
第二条、目付の事
第三条、太刀取り様の事
第四条、太刀合いを積る（間合い）の事
第五条、足遣いの事
第六条、身の懸かりの事

宮本武蔵

第一条は戦う時の「心の持ち方」ですが、心といっても敵の声の調子や目や顔、筋骨・太刀を取る手つきなど身体の状態を見よといっています。『五輪書』でも武蔵が心と言うとき、たいてい身体のあり方をさしています。次の第二条以下、目付、太刀の持ち方、間合い、足遣いを論じた後、第六条は後で詳しく検討するように「身の懸かりの事」として、顔・首・肩・胸・腹・尻・腰・膝・踵・つま先のあり方を論じています。しかしこれだけでは不十分と考えたのか、二年後に増補版を出します。そこに「前八のこと」の項目があります。

前八と云う事、初めに習い覚うべき事、惣別（すべて）諸道、人に百くせ（癖）あるというなれば、太刀も同じく、その癖とも身なりを初めよりよくせんがため、身のひらき、早速仕覚えさせせんと云う儀なり。然らば、いかほども、な宮本武蔵は理想の姿勢を「空より縄を降ろし、釣り下げたるもの」と表現した。

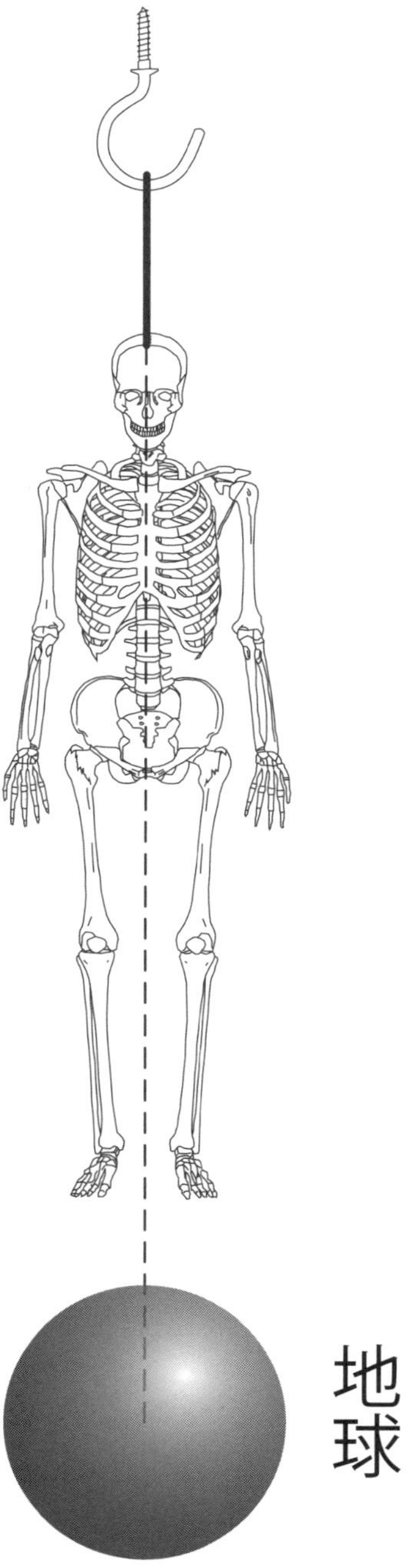

り（身形）気高く、手つき、いと美しく、足おとなしく、跳びても廻りても、身なり、ろく（真直ぐ）に、いかほども静かに、きっかりとして、下（下半身は）揺るぐとも、上の動かざるように、たとえば空より縄を降ろし、釣り下げたるものと心にあるべきなり。この儀、一段面白きたとえなり。

「前八」について説明はありませんが「初めに習い覚うべき事」として「身なり」を挙げているので、「手足・頭・胴体と両眼」の身体の八部分だと思われます。『兵道鏡』を書いて、「身なり」で一番重要な事を忘れていたとして書き加えたのでしょう。身形（みなり）を真直ぐに空から縄で釣り下げられたように立てということは身体の中心軸を真直ぐにせよということです。

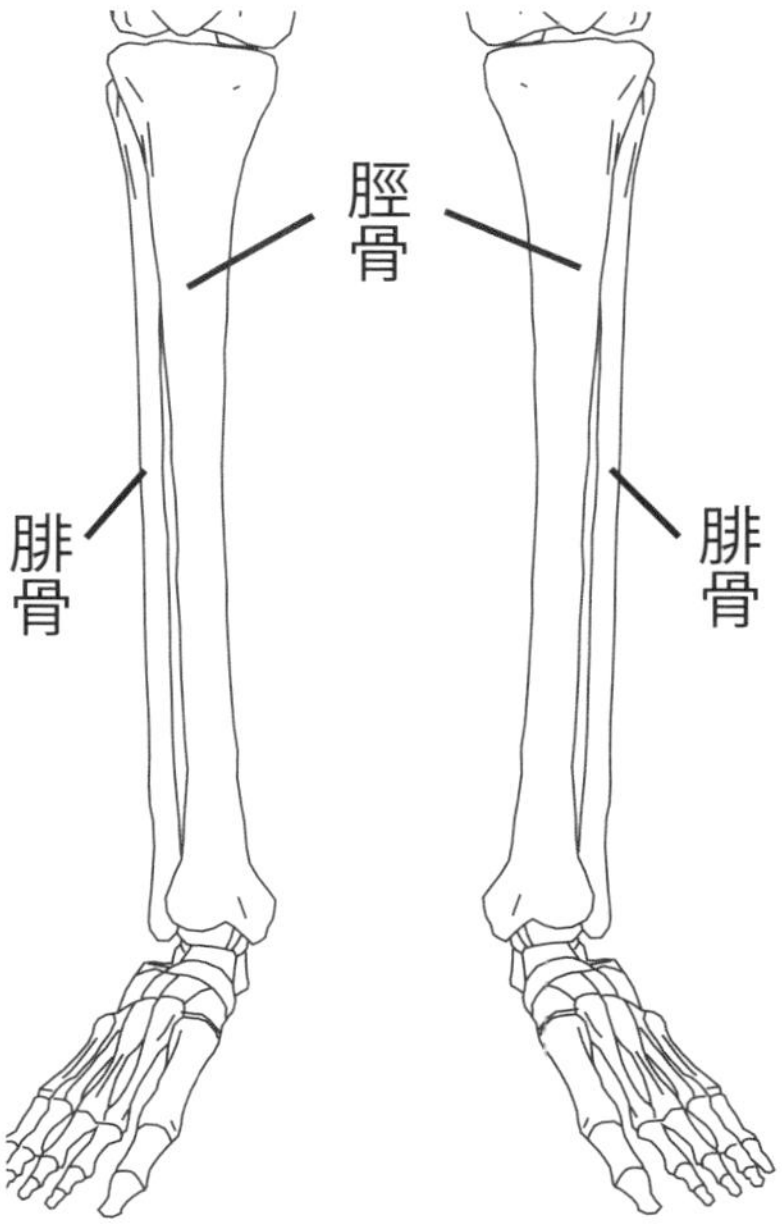

真直ぐに立つ場合に図をみてもわかるように足は外側の腓骨ではなく重心に近い内側の脛骨側で立つことです。腓骨は脛骨の四分の一の太さしかないのに、日本人の多くは腓骨側に重心を乗せて歩いて身体のバランスを崩して膝や足腰を痛めています。

3 背骨で立つ

武蔵が「たとえば空より縄を降ろし、釣り下げたるものと心にあるべきなり」といったことはすごいと思いませんか。武蔵は近代科学の始まる前に、空＝天体から身体を論じているのです。

人間の身体と同様、武の問題はすべてここから始まります。そのために一番大切なことは身体の中心を通る地球の重力線と身体の重力の中心である重心線が一体となることです。それが一番安定した身体となります。真直ぐは40年後の『五輪書』では詳しく説明されています。

『五輪書』「水の巻」第二「兵法の身なりの事」

身のかかり、顔はうつむかず、あおのかず、かたむかず、ひずまず、・・・鼻すじ直にして、少しおとがい（下あご）を出す心なり。くびはうしろのすじを直に、うなじに力をいれて、肩より惣身《そうみ》はひとしく覚え、両のかたをさげ、背すじをろくに（まっすぐにして）、尻を出さず、膝より足先まで力を入れて、腰のかがまざるやうに腹をはり、

真直ぐに立つとはどういう「身なり」をいうのでしょうか。これがなかなか難しいのです。クラシックバレエの世界的名手であったリトアニアのプリセツカヤは『白鳥の湖』の日本公演の時、「あなたは還暦を過ぎて、どうしたらその美しさを保てるのですか」と聞かれて、「私は骨で立っ

人は“真直ぐ”に立つと、背骨は緩やかなS字カーブを描き、耳・肩・中指・足の脛骨が一直線上に並ぶ。

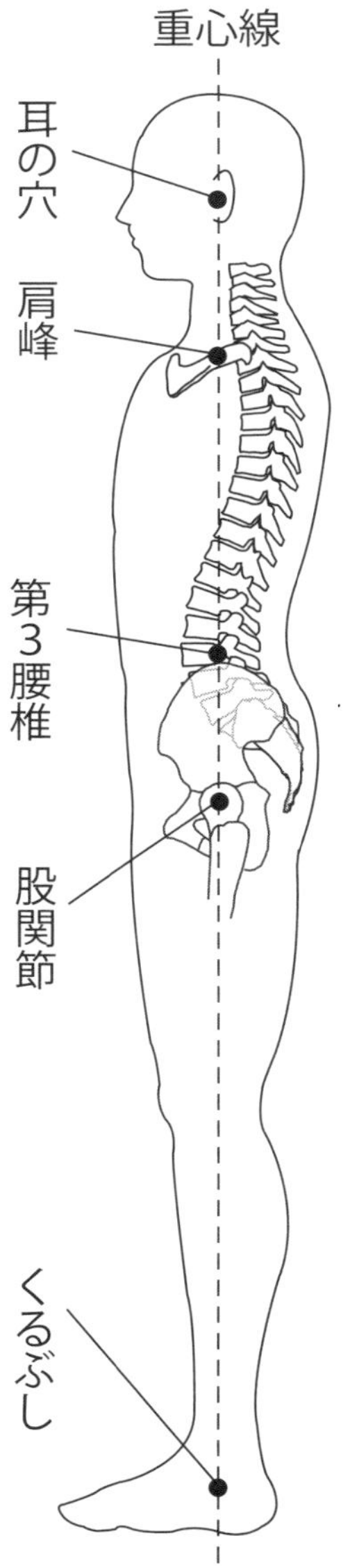

ているからです」と答えています。

もし人間が骨だけで成り立っていたら、骨を上から釣り下げれば地球の重力線と人間の重心線は完全に一致するはずです。しかし人間が立ちあがった時に背骨は真直ぐではなく、脳への衝撃を吸収し身体のバランスをとるために緩やかにS字形にカーブしています。

さらに直立するために骨を筋肉が支えています。人間が安定して真直ぐに立った場合、横からみると耳・肩・中指・足の脛骨が真直ぐである状態です。現代の身体論でいえば耳介（耳の穴）・肩峰・大転子（手の中指）・くるぶしが直線になります。そして真直ぐに立った場合、重心は仙骨二番の前あたりに位置します。そして中心軸の真直ぐは筋肉や背骨のずれにより軸の芯はかすかに揺れているのです。

『兵道鏡』には「下は揺るぐとも上の揺るがざるように」とあり、真直ぐな身なりは敵に向かい合った場合は揺らぎやすいという認識が前提となって、上半身の不安定な動きを動くまいと強いて固めようとしないで下半身で吸収せよということなのです。

普通、上半身は揺らいでも下半身ががっしりとしていなければならないと考えがちです。しかし下半身をがっしりと固定させることは居着く（武術で用いられる言葉で〝とっさに動きにくい状態〟の意）ことになります。

相撲で下半身が固定すると崩しやすいといわれます。双葉山は、上半身は仁王様のようにがっしりと組んでいても足は絶えず小刻みに動かしていたといいます。バランスを取っていたのです。

剣術でも下半身をがっちりと固めて構えていると相手の攻めにより肩や手の揺れが生じ隙が生まれます。

4　気付かないほど大きな違い

上半身ががっしりと〝真直ぐ〟である、ということが、なぜそんなに大事なのでしょう。

一つ実験をしてみましょう。

仙骨を締めて〝真直ぐ〟な姿勢をとって、木刀を振りかぶります。

仙骨を締めた〝真直ぐ〟な姿勢と、背中を丸めた姿勢とで木刀を振りかぶり、それぞれの力の大きさを、他者におさえてもらって検証する。姿勢を〝真直ぐ〟にとれば、片手で抑えられたくらいの力には負けないが（写真1～2）、背中を丸くすると、途端に振り下ろせなくなる（下写真）。

この状態で、木刀を振り下ろさせない方向に、誰かに柄頭を普通の力で片手でおさえてもらいます。

振り下ろす側の人は、そこから、なるべく〝おさえられている〟ことは意識しないようにして、振り下ろして下さい。

いかがですか？　おさえられているのをものともせず、振り下ろすことができたと思います。

今ので、おさえている人は、どのくらいの力で振り下ろされるかが感覚的にわかったと思いますので、もう一度、同等の力でおさえてもらいます。

今度は、背中を丸めて振りかぶります。

そこから、振り下ろせますか？

おさえている人に聞いてみましょう。

今度は、さっきよりも振り下ろす力が全然小さかったはずです。

こちらは同じように全力で振り下ろしているつもりでも、上体が真直ぐか真直ぐでないかによって、身体の使われ方は知らず知らずのうちに違ってしまっているのです。

「そんなはずはない。姿勢がどうだろうと腕は同じように力を込めている」

と思ったあなた。そうなのです。

〝腕は〟同じように使っている、けれども、背中を丸めた方は腕だけの運動なのです。

逆に言えば、まだまだ全身を繋げて使うことはできていないように自分では思っていても、姿勢が正しいだけで、腕以外の力も、少なからず導入されているのです。

これは、本当にすごいことです。何しろ、姿勢だけの話ですから。

これを武蔵は感覚的に知っていました。いや、武蔵だけではありません。古の剣豪たちは皆、知っていたのです。だから、古流剣術ではどの流派もほぼ例外なく、背中を〝真直ぐ〟にした状態で動作が遂行されるのです。

では、背骨を棒のように真直ぐ固めておけばよいのでしょうか。

5　真直ぐに振る

『兵道鏡』の第一章に下手な相手には心を静かにして敵が打ってきたところを「ゆるゆると外すべし」とあり、また一般的に試合の時には「ゆるゆるとした心にて」臨むことが肝要であると、「ゆるゆる」という表現が見られます。

『五輪書』でも「心のかたよらぬように、心を真中におきて、心を静かにゆるがせ、そのゆるぎのせつなも、ゆるぎやまぬように」とあります。心をゆるがせということは武蔵の場合は実際の現象としては身体を固めないで揺るがせるということです。

〝真直ぐ〟は武術では最も大切な身体操作です。刀は向かった方向に真直ぐに振らなければ斬る太刀筋にはなりません。真直ぐを習得するために太刀を正面真直ぐに振り下ろして身体の中心軸を通って鼻筋通りを斬り下ろします。

しかしその〝真直ぐ〟は肩や胸、背中に力が入って硬直していてはいけません。足腰の力が背骨を通って腕に伝わ

柳生新陰流「合し打」

たがいに進みより、打太刀（写真右）が頭に真っ向から打ち下ろしてくるところ、わずかに遅れて打っていく仕太刀（同左）が同じく真っ向から〝打ち割って〟勝つ。〝真直ぐ〟で勝つ。一人なら簡単な〝真直ぐ〟が、相手がいると難しい。柳生厳周は「何度振っても同じ所に止められたらその日のうちに免許皆伝を与える」と言ったという。

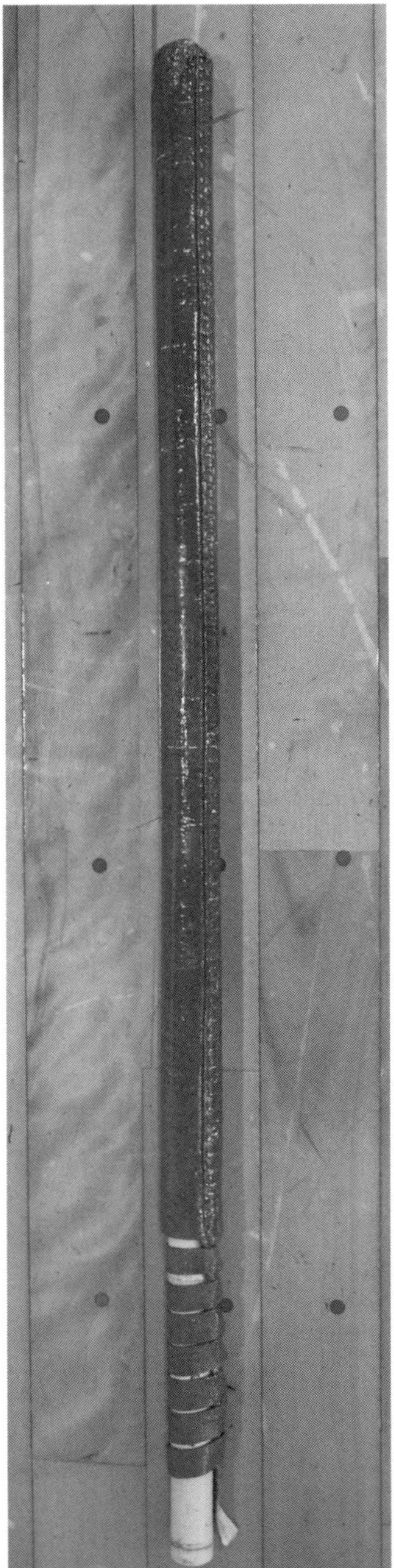

柳生新陰流と円明流の稽古で用いられている「袋竹刀」。現代剣道の竹刀よりも細かく割られた竹に皮の袋がかぶせられている。柔らかいので当たっても怪我はしないのだが、上級者の一撃は〝ズン〟と身体に染み入ってくる。

るためには背骨がゆるゆると緩んでいなければならないのです。

柳生新陰流の太刀筋の極意「十文字勝ち」とは相手がどう斬りかかってきても真直ぐ斬り下ろして敵の拳に勝つという太刀筋であり、これを転（まろばし）勝ちと言います。

尾張柳生三代・柳生連也はこの太刀筋から「合《がっ》し打《うち》」を考案しています。それは江戸時代になって合戦がなくなった時代、兜をかぶらないので相手の頭上を真直ぐに斬る太刀筋が多くなったのに対応して相手が真直ぐに打ってきたらこちらも少し遅れて真直ぐに自分の人中路（鼻筋通り）を斬り下ろすというものです。

尾張の「合し打」といって極意でもあり最初に学ぶ太刀筋です。私が最初に新陰流を学んだ柳生正木坂剣禅道場元師範・大坪指方先生は小学生の頃から尾張柳生第十代・柳生厳周先生に新陰流を学びましたが、その最初の教えが「合し打」でいつも次のように言って指導していたそうです。

よろしいか。小指から〆めて、肩の力を抜き、胸をひろく、大きく上へ上げるのだよ。ホラ小指が〆っていれば、切っ先は上へ立っているだろう。だから一調子に刀が下りて来るのだ。力をいれてはいけない。自然に切っ先からスッと斬り下げる！

（大坪指方「柳生正木坂道場」）

「力をいれてはいけない」ということは、肩や腕だけでなく、背骨が緩んでいなければいけないということです。

厳周先生は何度振っても同じところにピタリと止まったらその日のうちに免許皆伝を与えるとも言っていたそうです。

一人の時はある程度練習すれば真直ぐは振れるようになりますが、相手が斬りかかってきた時に、ぎりぎりまで待って真直ぐに振り勝つということは至難の業です。

神戸金七先生は「定規のように真直ぐではない」と言って、この技の極意を秘伝として加藤館長に口伝として伝えています。本当の勝負には口伝を使わないと勝てませんが、袋竹刀を使った普段の稽古には素直に真直ぐ振り下ろして勝つことを繰り返し稽古します。現在のところ加藤館長に勝てる者は誰もいません。

練習1　真直ぐに振る

背骨を真直ぐにするには木刀（竹や棒切れでも可）を真直ぐに振る練習をしてみましょう。

木刀は小指を締めて持ちます。肩を下げながら腹に力を落とすように振り上げます。小指でしっかり握っていれば木刀の角度は45度程度になります。

反動をつけないでそのまま振り下ろします。振り上げるときも振り下ろす時も肩を下げるようにします。

この時重要なのは振り下ろす時、肩甲骨の両端を前に出すことです。武術で言う長い腕となります。

さらに背中と腰を反らせないことです。背骨の一番下にある仙骨を締めることで背骨の真直ぐを意識します。（仙骨を締めることの重要性については後述します）

肋骨の上を肩甲骨が滑るように振りますが、初めのうちはあまり気にしないで振ってください。だんだん疑問点が出てきたら読み直してください。

素振りによって背骨の両側の脊柱起立筋、胸や首の筋肉が鍛えられます。最初は左ひじを伸ばして左拳が水落の高さで止めます。

慣れてきたら抜刀・居合の素振りのように左拳が腹の位置にくるまで斬り下ろす練習もしてみて下さい。この場合も左肘が伸びていることが肝要です。

〝真直ぐ〟な姿勢で〝真直ぐ〟に振る動作は、全身を繋げるためには最も基本となる操作です。いかにも簡単そうですが、やればやるほど、〝真直ぐ〟の精度が高まれば高まるほど、「まだまだ自分は完成でない」と思わされる、

練習1　真直ぐに振る

小指を締めて持てば真直ぐ振りかぶった時に45度（目安）より後ろにいかない（写真2）。これより後ろにいくのは無駄な力。

1

2

3

4

練習1　真直ぐに振る（正面より）

腕に力が入っていると真直ぐに振るのは難しい。力まずに、振りかぶる時も下ろす時も肩を下げるように。

奥深い不思議な動作です。

いわゆる「正中線」の意識とも大きな関わりがあります。はじめのうちは、〝なんとなく真ん中付近〟くらいの感覚だと思います。まだまだ〝線〟とは言えません。それが、本当に〝正中心〟の感覚をつかんでくるにつれて〝線〟が形成されてくるのです。

練習2　真直ぐに立つ

壁に背中を付けて立ってみましょう。

踵・お尻・背中を付けて、首に力を入れないで自然に後頭部が壁に付いたでしょうか。付かなければ背骨が歪んでいることになります（ただし歩く場合は身体は拳一つほど前傾します）。

無理に付けると顎が前に出て腰が反ってしまいます。腰の反りは手の平が入る程度が穏やかなS字湾曲となります。

顎を僅かに引いて、胸の力を抜きます。

筋力低下や老化による姿勢矯正の一環として行ってください。時々運動として試みるとよいでしょう。正しい姿勢を取ることはそれだけで最良の運動となるのです。

背骨の曲がっている人は背骨に痛みがでますが、それが背骨と筋肉の運動となります。ただあまり我慢をしないで止め、その代り一日に何度も運動としてやると効果的です。

練習3　腰から動く

情報を遮断するために目をつぶって立ち、別の人が横から肩を押してみてください。

多くの人が、身体が倒れようとしますね。そのとき打ち込まれたら軸が崩されているので簡単に撃ち込まれてしまいます。

倒れまいと踏ん張ってもそれが居着きになってしまいます。相手の押しを肩で受けるのではなく腰で受け、足を動かして相手の押し（攻撃）を吸収する練習です。この場合、最初はお尻の穴を締めることで仙骨を締めてください。

押してきた力を腰で受け止め、身体が曲がりそうになったら足を動かし、腰への抵抗を吸収し、もとのまま真直ぐな姿勢を維持します。

最初はどうしても相手に直接触れられている肩自体に力を入れて対抗しようとしてしまうと思います。でも、むしろそこは力をぬいて下さい。〝逆らわない〟のが日本武術です。

でも、ただ逆らわないだけでは倒されてしまいます。どこかで耐えれば持ちこたえられるのです。それが体感的に

練習2　真直ぐに立つ

真直ぐ立つには、まず真直ぐに立てる身体状態であることが重要。そのチェック法として踵・お尻・背中が壁に付くように立ってみる。付かなければ背骨に歪みがある可能性が高い。

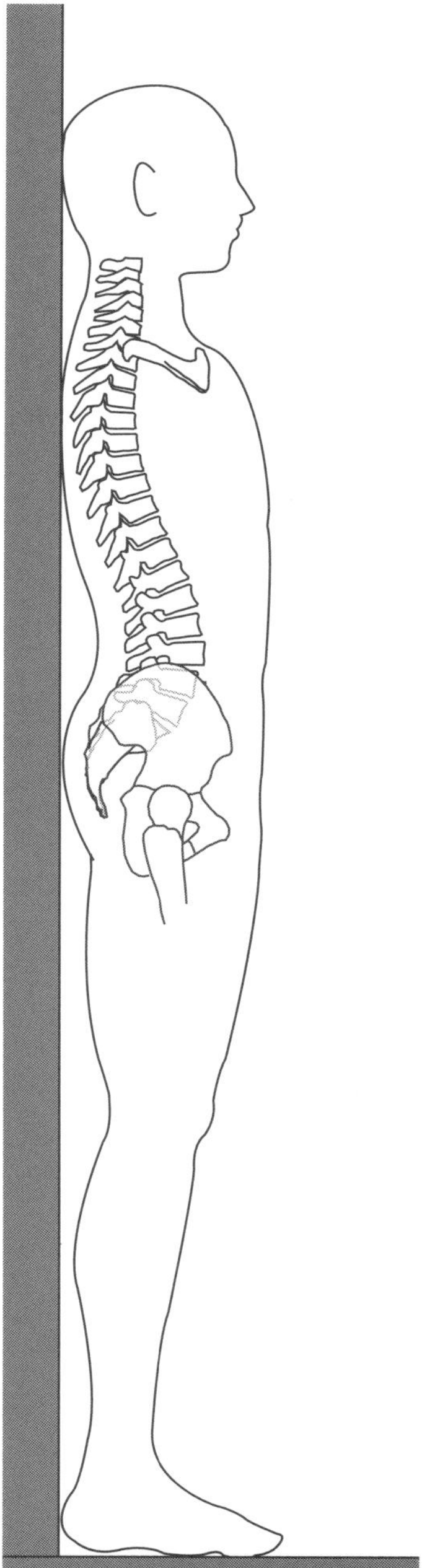

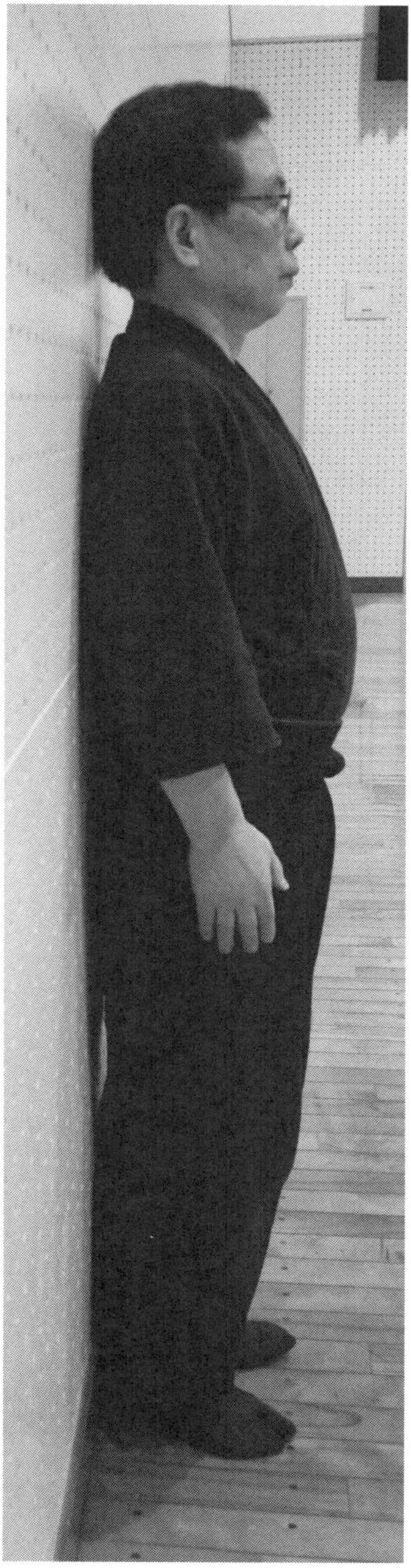

練習3　腰から動く

横から人に押してもらった時、普通はその押される肩を力ませて対抗しようとする結果、崩れが生じてしまう。何かあってもとっさに動きづらい瞬間で、武術ではこの瞬間を徹底的に排除する。そのためには、加えられた力を、その押されている部分で受け止めず〝腰〟で受け止めるようにする。これによって全身が自然に連動的に動き、正しい姿勢が維持される。

練習4　腰でついていく

手のひらを合わせ、下側の人がその手を動かし、その動きに上側の人がついていく。手だけでついていこうとすると体が崩れ、すぐについていけなくなる。腰でついていき、常に自分の姿勢を崩さないように。

わかってくると思います。

〝どこか〟とは、もちろん腰です。

相撲や合気柔術などの体術では、相手と身体が接触した箇所にはこちらの情報を与えないため力を抜かず緩めず力をゼロにしておき、相手を倒す力は腰から出すことが極意です。

人は放っておくと、前方に偏っていく傾向を持っている。したがって、正しい〝真直ぐ〟な姿勢を維持すること自体が、体幹部の筋力を働かせているということなのだ。

練習4　腰でついていく

二人で手のひらを腰のあたりで水平に合わせます。手のひらが下の人が自由に身体で手を動かし、相手はその動きについていきます。最初は手だけでついていく形になってしまって腰が遅れます。これは腰でついていく練習です。相手の動きに腰でついていく武術の訓練となります。

6　背骨と健康

ここで健康にとって背骨を真直ぐに立てることがどれ程大切かを見ておきましょう。

背骨を真直ぐにといってもその〝真直ぐ〟は地球の重力に随った身体の重心線のことを指すのであって、背骨自体はゆるやかなS字歪曲をしています。しかし眼が前についているため身体が前に向かう傾向があり、また直立した人間は後ろに倒れることを警戒するため上体が前にかかる傾向があります。立ち始めた赤ちゃんはよく転びますが、ほとんどお尻をついたり前に転び、後ろには転びません。

立っているだけではどこにも力を入れていないように思

いがちですが、重力に抗して立った姿勢を維持するためには脊柱起立筋やお尻の筋肉である大殿筋、中殿筋、小殿筋、足の下腿三頭筋などの抗重力筋が働いているのです。したがって運動不足や老化により筋力が弱くなると真直ぐ立てなくなります。しかし猫背姿勢は老化だけではありません。現代生活はパソコンやスマホなどの常用によって若いうちから猫背になっています。

姿勢不良は身体を支える筋肉の痛みだけでなく万病の元と言われます。立つ姿勢を維持するために、脊柱起立筋は棘筋・最長筋・腸肋筋と三重の筋肉層からなり、棘筋の下には背骨に付着した深層筋である多裂筋があります。

背骨は手で触ると数ミリの筋肉しかないように感じられますが、実に4層の筋肉層があるというのは驚きです。これらの筋肉は背骨を真直ぐにすることで鍛えられるのです。

背骨を支える脊柱全体の長さの五分の一から三分の一も占める椎間板、背骨に付着している靭帯や神経が圧迫を受け腰痛や膝痛など様々な痛みの原因となります。

さらに身体の歪みは血管を圧迫し血圧が高くなり循環器だけでなく内臓の不調・病気の原因になり、頸部の歪みにより脳への血液供給量が少なくなり判断力や思考力が弱まるだけでなく心身症の遠因になると言われています。

また、背骨の両側には交感神経が通っており、緊張すると運動に悪い影響を及ぼすので緩んでいなければならないのです。まさに姿勢不良は万病の元です。

それでは姿勢不良にならないためにはどうしたらいいのでしょう。

現在各所で筋肉を鍛えることの重要性が叫ばれていますが、実は筋トレよりもっと重要なのは正しい姿勢を維持することなのです。

猫背の人が背筋を伸ばして立てばそれだけで運動となるのです。反対にいくら運動しても普段の生活で姿勢が悪ければ姿勢不良は直らないのです。正しい姿勢を維持することが最高の運動なのです。

ただ四六時中正しい姿勢をとっていなければいけないという訳ではありません。姿勢が悪い人が無理に長時間正しい姿勢を維持すれば、それがかえって身体のこわばりを引き起こしてしまいます。

姿勢不良が万病の元となり、正しい姿勢を維持することが最高の運動であることを理解し、姿勢が悪いと気が付いた時に姿勢を正し、数分間それを維持するのです。そうして長い時間をかけて姿勢をなおしていくのがよいのです。

それでは正しい姿勢とは何なのでしょう。それを武蔵の

『兵道鏡』の「身の懸かり」を手掛かりにみていきましょう。

武蔵は『五輪書』で「常の身を兵法の身とし、兵法の身をつねの身とする事肝要なり」と言っています。武蔵が論じているのは武術的身体ですが、そのまま普段の身体のあり方でもあるのです。背骨から始まった武蔵の身体論は最終的には仙骨にまで行き着くはずです。

具体的に『兵道鏡』の第六条「身の懸かりの事」にまとめられている武蔵の身体論を現代の身体論も視野に入れて見てみましょう。

身の懸りは、顔は少しうつぶき（うつむき）たる様にして、いくび（猪首）になき様に、肩を両へ開きて、胸出さず、腹をいだし、尻をいださず、腰を据えて、膝を少し折りて、踵（かかと）を強く踏み、つま先を軽ろくして、少し両へ開きて懸るなり。

最初に「身の懸かりは、顔は少しうつむいた様に」とあり『五輪書』の「身のかかり、顔はうつむかず」と反対のようにみえます。しかし『兵道鏡』は「少しうつむきたる様にして」の後、「猪首になき様に」と首を緩めるように指示しています。

『五輪書』では「顔はうつむかず」の後「あおのかず、少しおとがい（顎）を出す心なり」とあり結局同じ身体表現となります。

背骨を意識して真直ぐに固めると、顎と首が緊張して猪首になります。そうならないように少し顎を出すのです。

『兵道鏡』の第一章に決闘に臨むとき相手に対し「笑い」かけるとあります。笑うことによって首の緊張が取れるのです。100メートル競争で9秒台を最初に出したボルトが、スタート台でおどけた表情をするのはご存知ですね。

7　運動としての姿勢

これから「猪首になきように」以降の「身の懸かり」を『兵道鏡』の順序にしたがってご紹介していきますが、その前に背骨と関連して、座った姿勢についても見ておきましょう。

練習5　正座

背筋を立てて正座することも最高の運動です。

腰を入れ、仙骨を立てますが、立つ場合と違って腿が前に出ているため仙骨は丸まりやすいのでやや反るようにし

練習5　正座

骨盤を立てて仙骨の上に背骨〜頭蓋骨が真直ぐに乗るよう意識すると、末端や表層筋に偏った負荷がかからない、楽で正しい姿勢が簡単に実感できるはず。正座はそれだけで体幹を鍛える〝運動〟となる。

ます。

背骨を仙骨の上に乗せます。腰椎や胸椎も丸まりやすいので仙骨以外背筋を伸ばしますが、胸と腰を反らないようにします。肩と胸の力を抜くと自然とそうなります。

上半身の体重が仙骨に真直ぐかかり、下半身の腹に力が満ちた状態になります。この身体の姿は東洋的身体思想で理想とする「上虚下実」の安定した姿勢です。

この時、耳と肩と踵が一直線となり、まさに安定した立ち姿と同じになります。結跏趺坐、半跏趺坐　あぐら、片膝立ち座り等色々な座り方がありますが、重力線で立つ立ち姿と一番近いのが正座なのです。

正座を運動の一環として行いましょう。日頃の歪みの矯正ともなります。一回3〜5分、毎日何度も座りましょう。特に朝起きた後は膝痛や腰痛の予防にもなります。

長い時間はダメで足がしびれる前にやめましょう。お茶席や法事でも我慢しないことが大事です。四代将軍家綱の時代、将軍家の茶道指南、片桐石州は、点前の姿勢は窮屈な姿勢でなく「自分の体に合った姿勢」がよいと書いています。時々立ち上がることを日本の座の文化としましょう。

これほど優れた運動がしびれがきれるほど長時間座ると、かえって膝痛の原因となります。正座を腰・膝・足首の関節や筋肉を鍛える運動として捉えましょう。

また正座で大腰筋や横隔膜、骨盤底筋など内臓の働きに関係した筋肉群を鍛えることができます。ただし肛門を締め腹で呼吸します。骨盤内の鬱血が取れ内臓の血液循環が良くなります。

肛門を締め腹で呼吸する正座で、下肢に向かう血流が脳に向かうようになります。集中力が高まり、認知症や寝たきり予防や症状の軽減となるとも言われます。『正座と日本人』（丁宗鐵　講談社、２００９）には、関節が悪い人、骨が形成される12歳ごろまでに正座する習慣のなかった人の他に高血圧・糖尿病・動脈硬化・脳血栓のある人は長時間の正座は向かないと注意がありますが、数分、何度も運動として座るのは問題ないと思います。

練習6　椅子に座る

日本人の足・腰・膝を鍛え身体を整えてきた座の文化が失われ、現代日本人はほとんど椅子に座っています。

椅子文化は奈良時代にも日本に入ってきましたが定着しませんでした。帯を締めているからとも言われていますが、現代の椅子文化はせいぜい戦後数十年であり日本人は椅子との生活に慣れていないようです。

座ると立っている時の１・４倍もの圧力が椎間板にかかります。疲れてくると背中を丸め、仙骨を座面につけて座りがちでさらに大きい圧力が腰にかかります。

座骨を座面につけて仙骨を背もたれにつけて座りましょう。座り方が悪いと背骨が曲がり、腰痛や肩コリになり内臓に負担をかけます。

一日中デスクワーク、すなわち、一日中椅子に座り続けている仕事の方も少なくないでしょう。おそらく、骨盤を後方に傾け、背中を丸めて背もたれによりかかるように座っている方が多いと思います。それは多くの方がなんとなくそれが楽なように思い込んでしまっているせいです。しかし背中の筋肉群を引っ張り大きなダメージを与え、腰痛だけでなく体調不良の大きな原因となっているのです。

その姿勢だと、長時間座り続けていると座面に接触している部分や腰が痛くなってくると思います。その都度席を立ったりして紛らしていると思いますが、ぜひ仙骨を立てて、姿勢良く座ってみて下さい。はるかに長時間、不快なく座り続けられるはずです。本当に楽な姿勢は背筋を伸ば

練習6　椅子に座る

椅子に座るときも正座の姿勢と同じようにすれば長時間座り続けてもどこかが痛くなったり疲れたりしにくくなる。骨盤を立てて仙骨の上に背骨～頭蓋骨が乗るように。

○

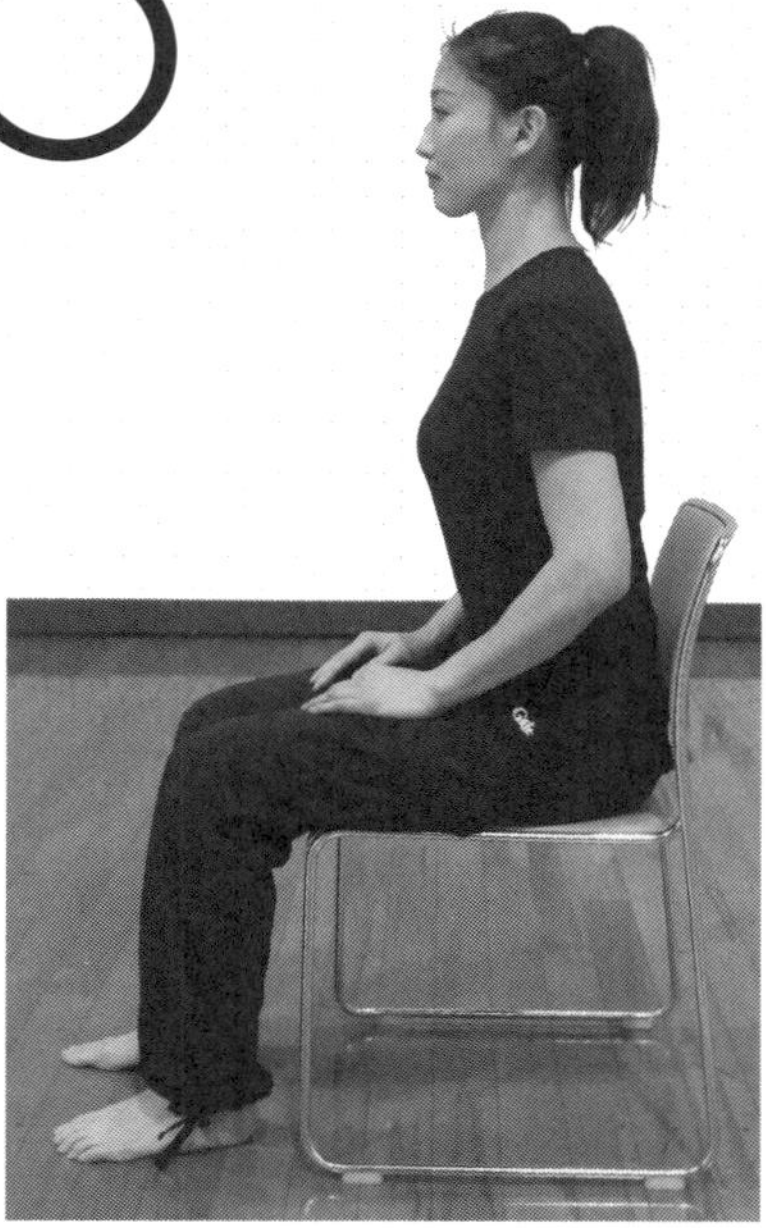

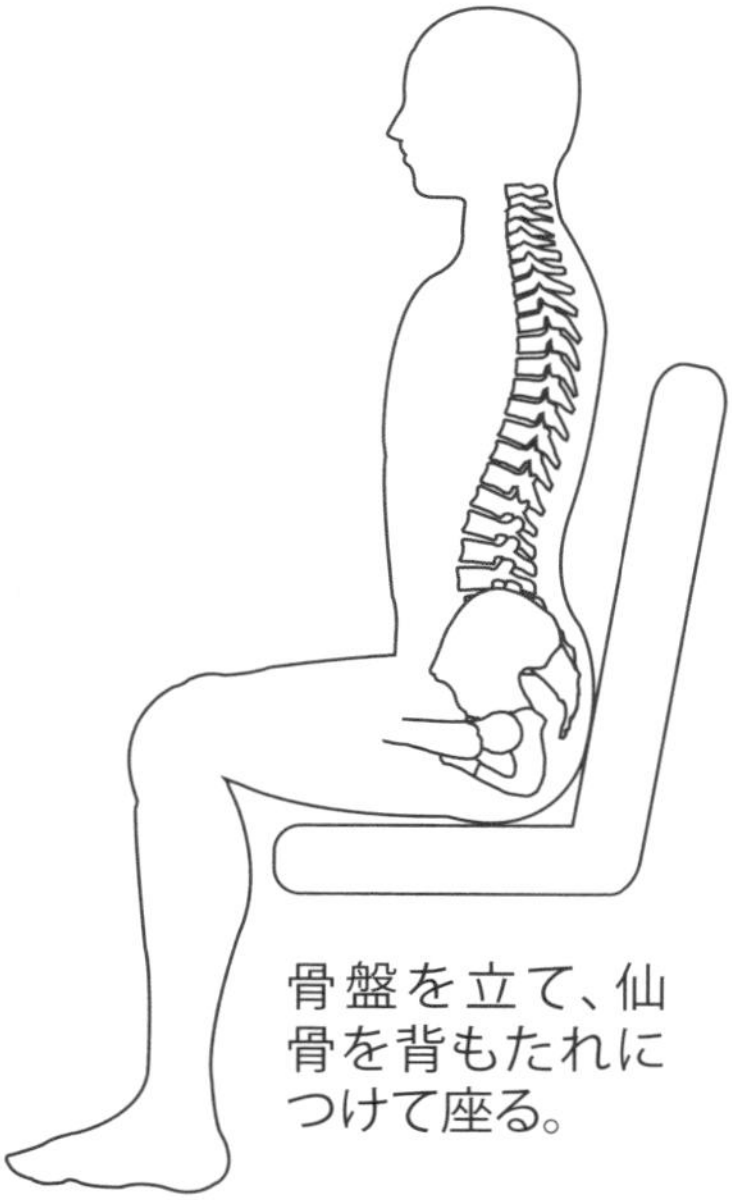

×

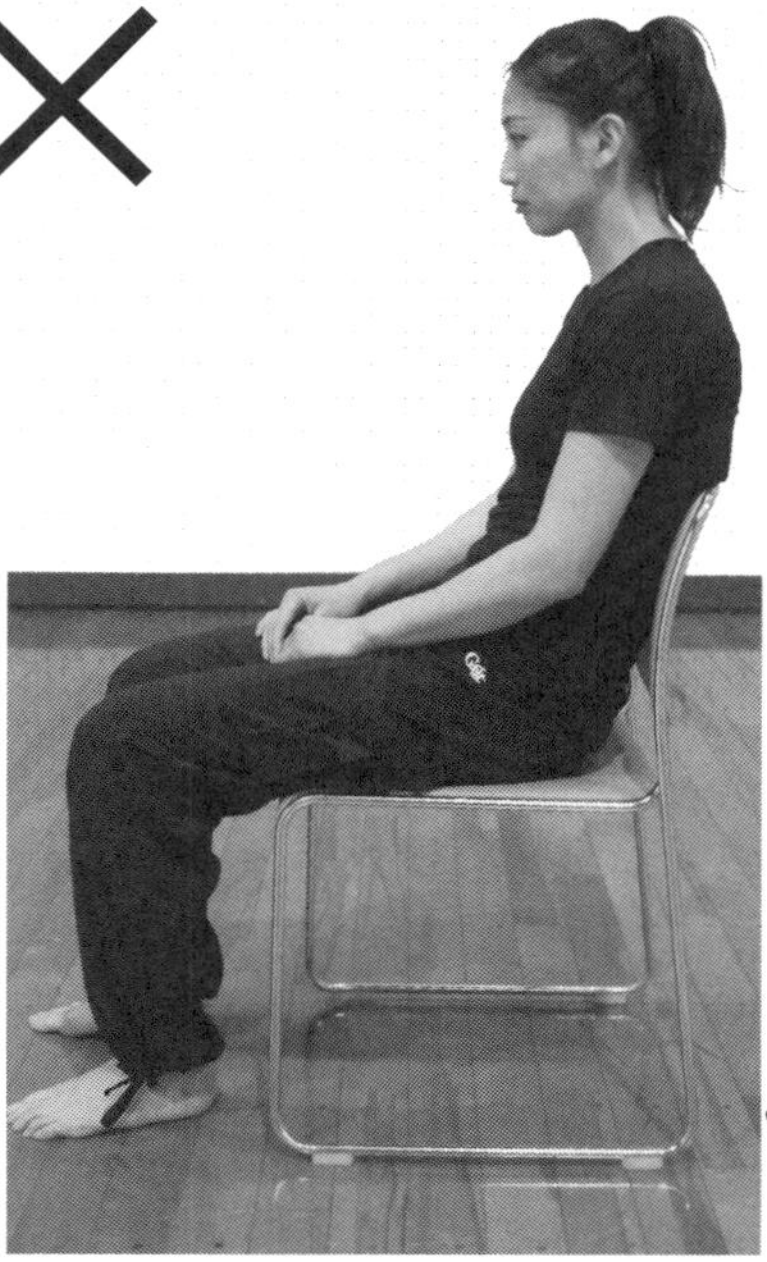

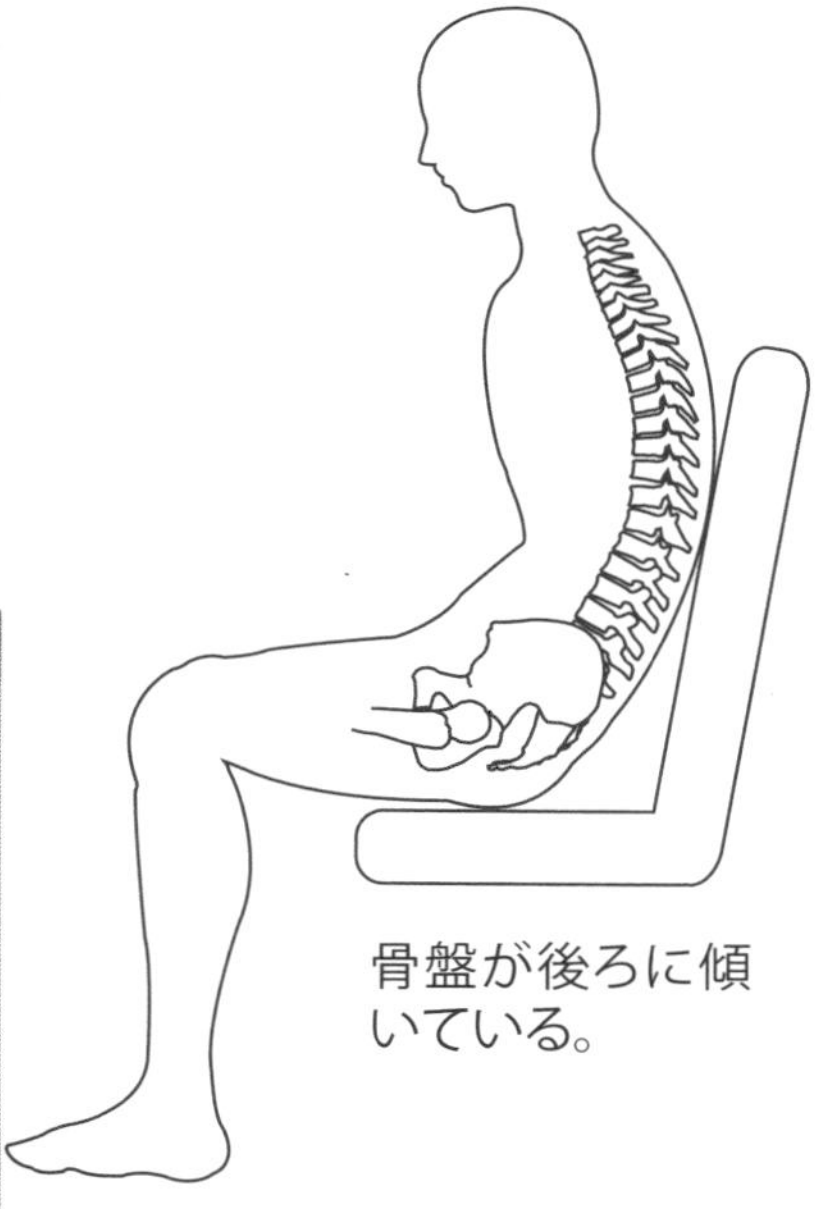

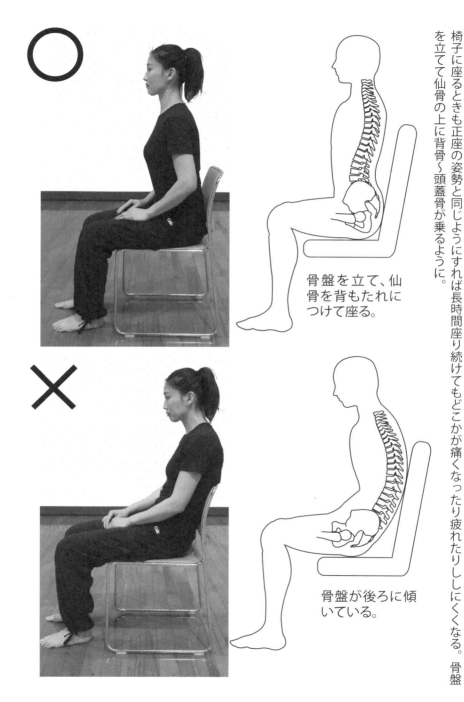

し肩の力を抜いた姿勢だということを、ぜひ体感的に知ってみて下さい。

また、足を組むと身体のバランスが崩れます。電車は正しく座るための最適な運動の時間なのです。電車で足を前に投げ出して座る人がいますが、腿の後ろのハムストリングが伸びきってしまい、筋肉が硬直して腰痛の原因になっています。

腰痛が現代日本人の国民病と呼ばれるほど多くなったのは、正座と比べて腹に力が入りにくい椅子が普及したことも大きな原因の一つと思われます。

なお椅子から立ち上がる時は真直ぐ上に立とうとすると腰に大きな負担となります。膝を曲げ膝の屈伸を使って斜め前に向かって立つようにすると腰への負担が少なくなります。

6　仙骨と呼吸

練習7　腹式呼吸と骨盤底呼吸

仙骨は頭蓋骨同様、呼吸のリズムに従って動きます。出産の時、妊婦に腹式呼吸で深呼吸をさせることでも分かるように、骨盤は呼吸と関係が深いのです。空気は肺に入るのですが、肺自体がふくらむわけではなく、肺に付いた横隔膜が下がり、その結果、肺に空気が入り腹には圧力がかかります。

腹式呼吸は無理に腹に力を入れやすいので私は背骨を通して仙骨から骨盤底まで息を吸い込むようにと指導しています。横隔膜は背骨にも付着しているので、深い呼吸は背骨の活性化にもなります。背骨に息を通すことがわからない人は、両手を背中に自然に回して（そこが腎臓の位置です）そこに息を吸い込み、膨らんだり凹んだりすることを実感して下さい。脊髄行気法と言われるこの呼吸法は腎臓強化の運動になりますが、それだけでなく、横隔膜は大腰筋の上部と繋がっているので、大腰筋と腹横筋が活性化し内臓がマッサージされ健康増進に役にたちます。

背骨にそって息を吸い込むように呼吸します。腰椎・仙骨と骨盤底まで息を下ろし、少し息をとめます。

腹式呼吸は腹というより骨盤底に空気を吸い込むように意識したほうが内臓全体の筋肉を動かすことができるように思います。

吸った後は自然にまかせれば自然に息は出ます。

その際、吸った息で活性化した骨盤底筋が微かに膨らみます。背骨を真直ぐに立て、腹の下まで吸い込む腹式呼吸

練習7　腹式呼吸と骨盤底呼吸

吸気とともに下がる横隔膜に連動させて腹を膨らませるのが腹式呼吸だが、骨盤底呼吸は背骨にそって骨盤底にまで深く入れるイメージで行なう。腹式呼吸に比べると外見上の腹の膨張～収縮の動きは小さい。横隔膜や深層筋群の活性効果が大きい。息を吐く時には仙骨を締め、肛門と生殖器の間くらいを上に締め上げるような意識で。

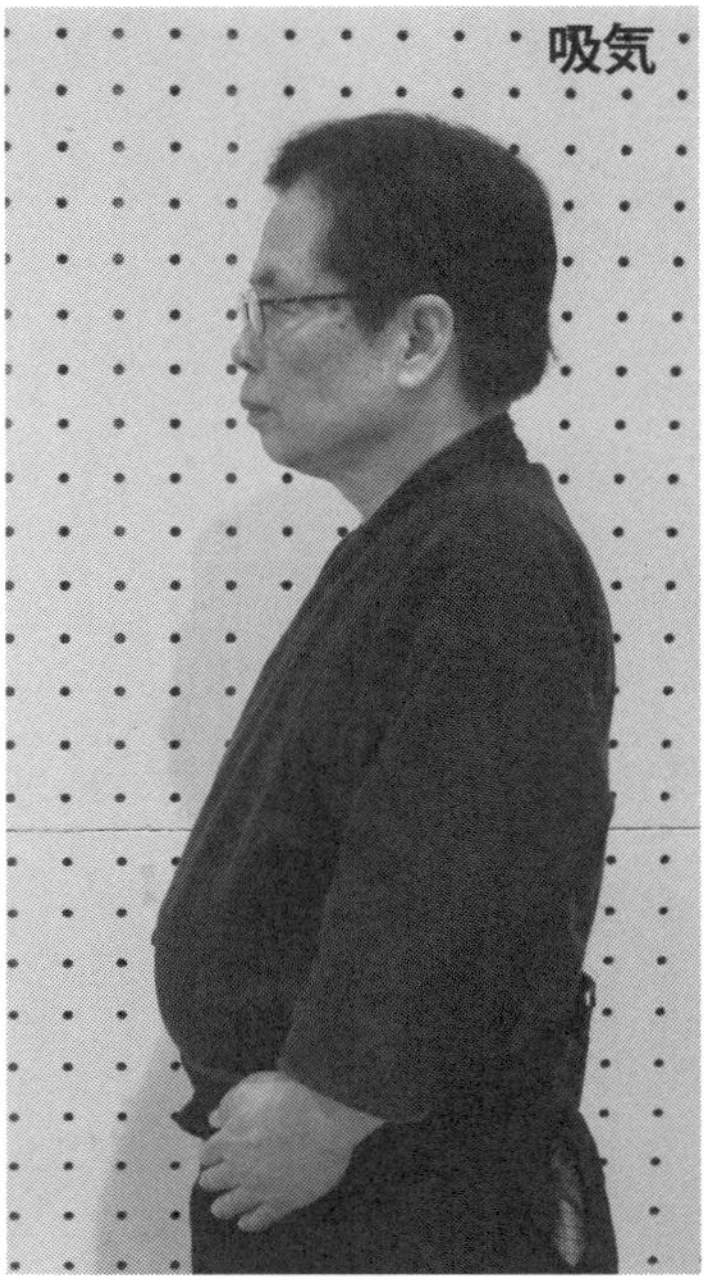

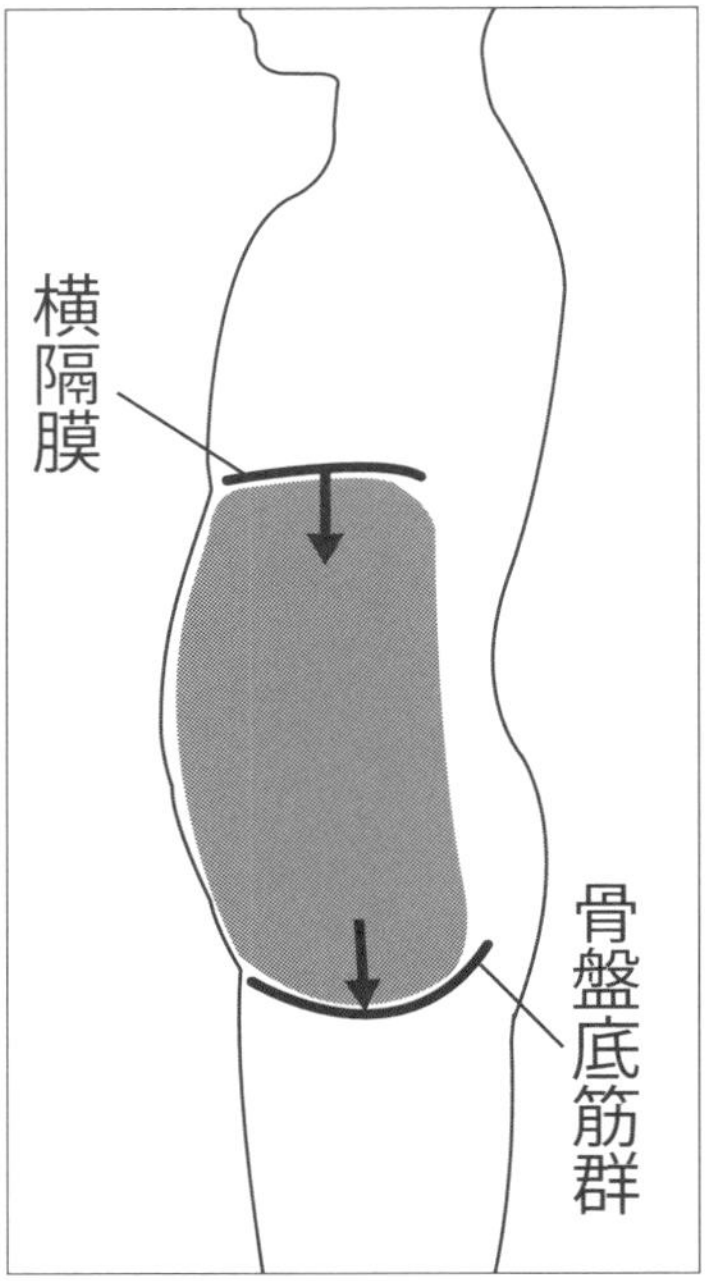

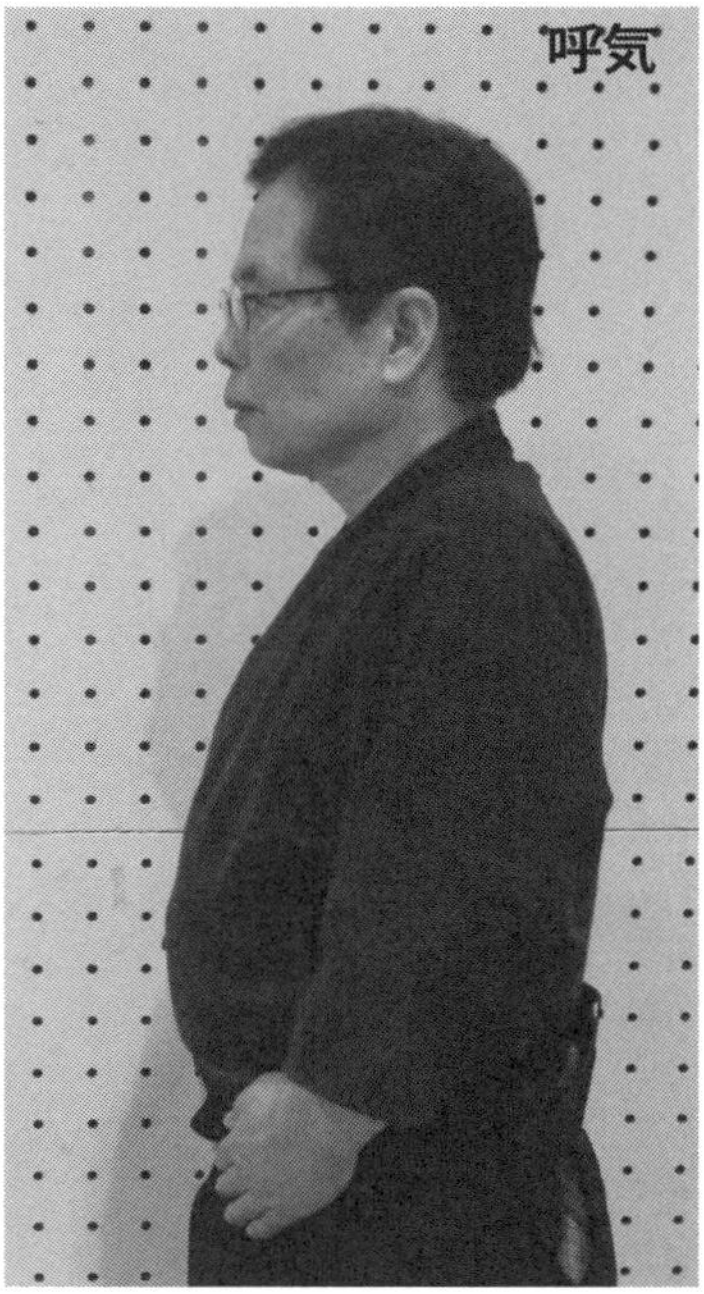

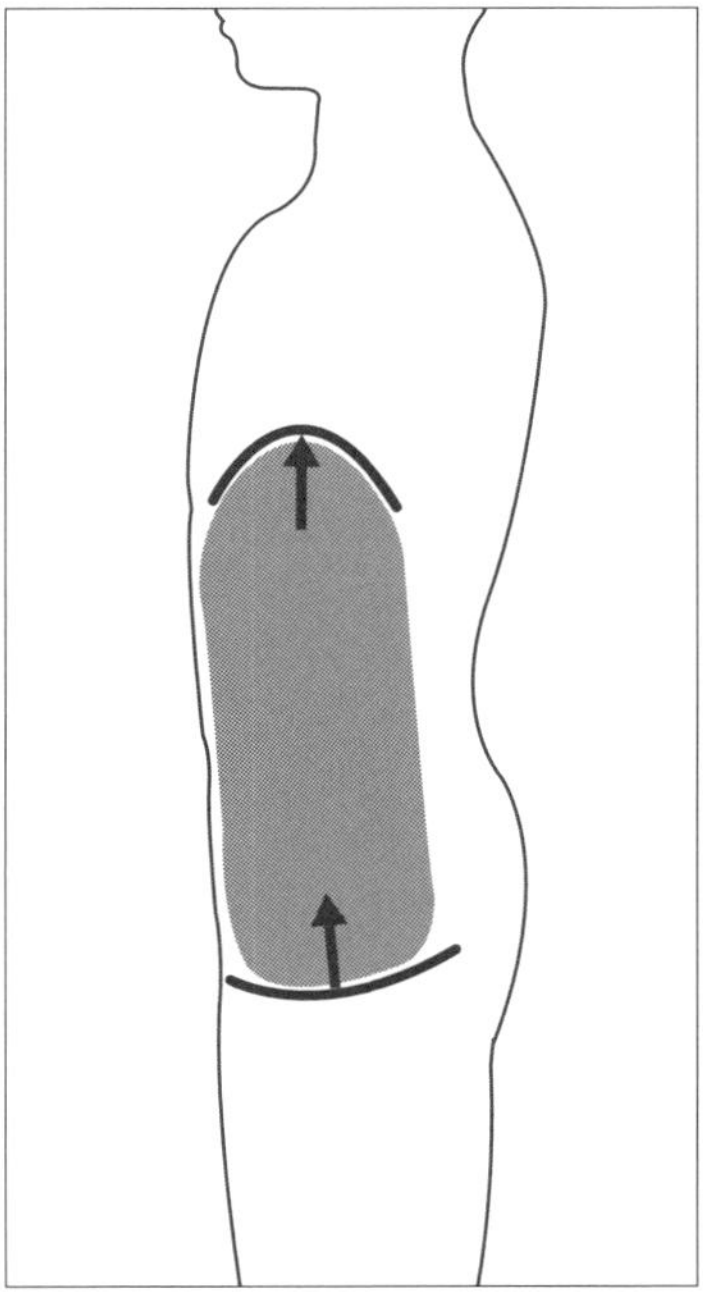

は多裂筋・大腰筋・腹横筋・骨盤底筋といった姿勢筋である深層筋を鍛える最高の運動です。

練習8　気合

次は気合です。私の稽古会には毎年、ロシアから年に3、4回、武術を習いにくるグループがあります。今日は何をしますかと聞くと、たいてい、気合と武蔵の二刀流を挙げます。子供たちは楽しそうに大声を張り上げますし、普段大きい声を出す機会のない年配者は自分の殻を破る気持ちになれるそうです。

気持ちの持ち様でなかなか声を出せない人もいますが、いつか声が出るようになると、晴れ晴れとした顔になります。気合は腰を強くするには最適な鍛錬法です。腰痛予防や解消法にもなります。

練習8　気合
息を吸ったら、それを爆発的に吐き出すように発声しつつ腹をふくらませる（逆腹式呼吸）。この時、仙骨を意識することによって精神を安定する効果が得られる。

発声は気合法ならば「イエイ！」または武術的には「ヤー！トオー！」発声訓練ならば「アー、エー、イー、オー、ウー」いろいろありますが、どれということはありません。声を一気に出すと同時に腹をふくらませます。はじめのうちは腹に力が入らない人がほとんどです。

呼吸筋を十分に働かせた深い呼吸には自律神経である交感神経と副交感神経のバランスを整えて精神を安定する働きがあります。

脊髄から出た副交感神経は仙骨の前で副交感神経叢を形成し、そこから内臓に分かれていきます。仙骨から腹に向かって気合を入れると副交感神経が刺激を受け、内臓が活性化するだけでなく、それによって精神が安定します。

動物は生きている限り自然に呼吸しています。その場合、呼吸筋は意志によらない不随意筋です。しかし人間は呼吸を止めたり意志で操作できます。従って人間の呼吸筋は不随意筋であると同時に随意筋でもあるのです。武術で呼吸を重視するのは身体と心を結びつけるためです。呼吸によって心身を調え、また相手の呼吸の乱れを読むことで勝機をつかみます。呼吸は武術の極意であると同時に、最高の健康法ともなっているのです。

呼吸、気合で仙骨を意識すると、全身が内部で繋がってくる感覚があるでしょう。

あなたの身体はもう、本当の意味で繋がってきています。

第4章

肩甲骨・仙腸関節の可動性

動かなければ繋がらない！

――全身を繋ぐために②

1　「肩を両へひらきて胸ださず」—肩甲骨

本書の目的は、「全身を繋げて使える」ようになることです。この〝繋げる〟という言葉、まるで接着剤か何かで〝固める〟ようにイメージしてしまっている方はいませんか？　〝しっかり繋げる〟こととは〝しっかり固める〟こと、のように。

実際は真逆です。身体を使うにあたって〝繋げる〟とは、ロックされた状態ではなく、有機的に連動させることを意味します。もし肩が固まってしまっている人がいたら、その人の体幹の力は肩で止まってしまい、手の先まで伝わりません。

全身を繋げるためには、身体の要所が十分な可動性をもっていることが必要なのです。

要所とは？……本章でまず取り上げたいのが「肩甲骨」です。

『五輪書』では「肩より惣身はひとしく覚え、両の肩をさげ、背筋ろくに（真直ぐして）」とあります。肩は全身の動きと連動しているというのです。武蔵の身体に関する鋭い観察眼が伺えます。

『兵道鏡』の「肩を両へ開き」と『五輪書』の「両の肩をさげ」は同じ動きを表わしています。肩を開くとは後ろの肩甲骨を開くことです。肩甲骨は背骨を通して骨盤と繋がっており、正しい姿勢を維持する上で重要な役割を担っています。

なぜ肩を開くのでしょう。

入門したばかりの門人に肩を開いてくださいと言うと、はじめは肩を後ろに引く人が多いです。それでは胸が出て腰が反って正しく立つことはできません。胸の筋肉が張りすぎて上手く肩を開けない人もいます。

胸を弛めます。武術では「胸のぬけ」といい、特に重視します。軍隊の行進では胸を張り、肩を怒らせていますが、これでは十分に戦えません。私の稽古会は自衛隊の幹部クラスの同好会にも新陰流を教えていますが、まず教えることは肩の力を抜くことです。日本では肩は背中と関係し、ヨーロッパでは肩は胸と関係して捉えられています。

ボディビルやボクシングの練習でも最初のうちは腕の筋肉を鍛え、同時に腕を支えている胸の筋肉を鍛えようとします。しかし下半身の筋肉は手の筋肉の数倍あります。直接手の力を使うより、足腰の力を手に伝えるほうが大きな力が出ます。

ボクシングや空手でも最終的には身体の柔らかさとフットワークがものを言うようです。そのために一番重要なのは肩の柔らかさで、背中上部の僧帽筋を鍛えすぎないことが重要です。

野球のイチロー選手がバッターボックスに入る前によく

肩入れ
つま先を開き、膝を外に開くようにして腰を落とす。手を膝の少し上に置いて、顔は正面に向けたまま片側の手で腿を開くように押しつつ肩を内に入れる。

肩入れをしますが、これは肩甲骨の可動性を高めるためだけでなく、全身のバランスのためです。なお肩入れは貴乃花が、もし一つだけ運動をするとしたらこれが一番と推奨している運動です（『貴流　心気体』）。

武術を学びだすとほとんどの人が最初のうちは腕が伸びません。剣術ではこれは特に致命傷です。『兵法家伝書』の冒頭の新陰流の根本となる身体遣いをのべた「五箇の身の習い」に「左の肘を伸ばすこと」とあります。私の稽古会では繰り返し注意を促しますが、初めのうちはなかなか肘が伸びません。肩甲骨が弛んでくると腕が伸びるようになります。肩甲骨の可動性の獲得には、先にあげた「廻し打ち」と、「下からの斬り上げ」が有効です。

手は肩から出ているのではなく、肩甲骨、さらに言えば胸鎖関節から発しています。腕を動かしながら首の付け根を触ってみると鎖骨の先にある胸鎖関節が感じられます。

肩甲骨は肩の外の骨からは独立しており、ただ鎖骨にだけ結びついています。そのため可動性が大きく45度から60度も動きます。腕は肩甲骨から発していると意識して前に伸ばすと15センチは伸びます。木刀を振る際、手だけで振ろうとすると反動を付けるために腰が反ってしまいます。それでは相手に動きを察知されてしまい、足腰の力が腰で上腕骨と肩関節を形成している肩甲骨は肋骨から浮いた状態にあり、可動性が大きい（45度〜60度）。肩甲骨を大きく動かせば、腕は前方へ伸びる。

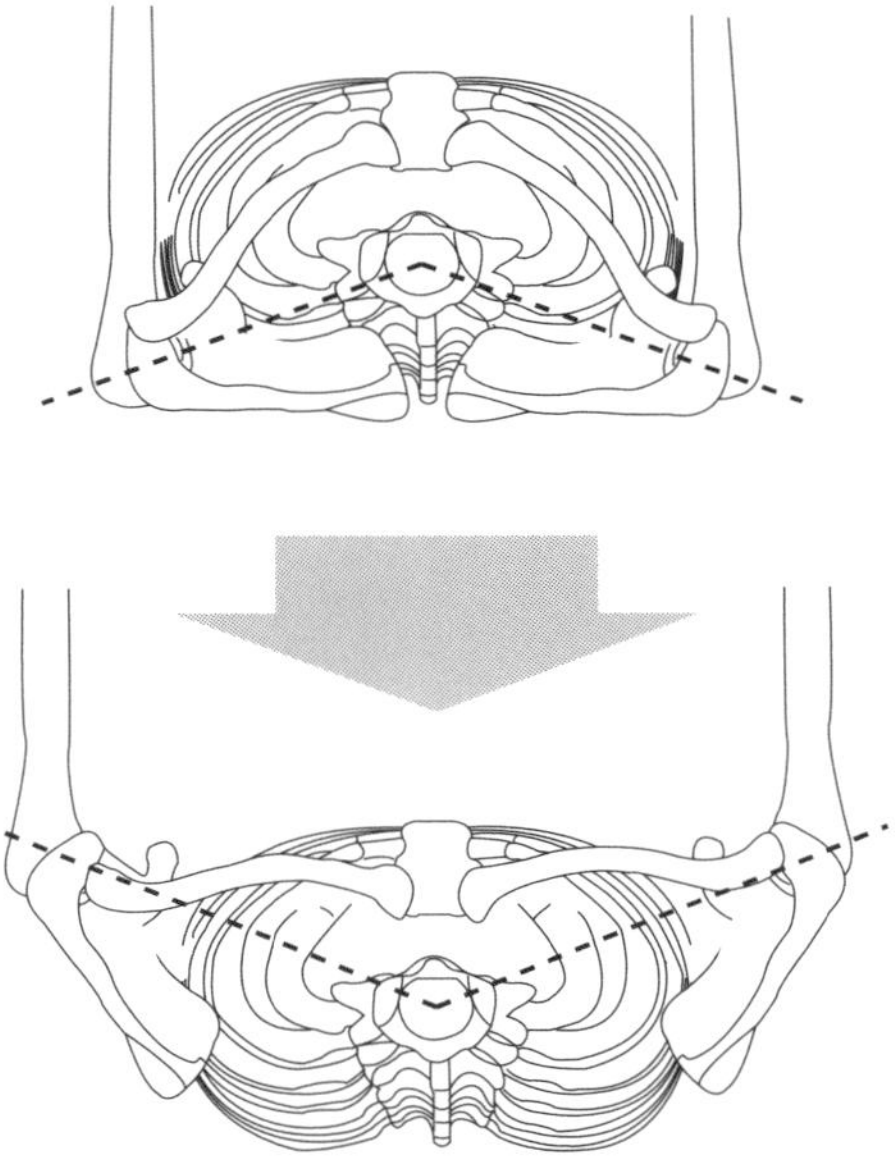

止まってしまい、武術では致命傷となります。肩甲骨が肋骨の上を滑るよう振ると外からは腕の動きが読まれない動きとなります。

練習1　肩甲骨を意識して動かす

まずはウォーミング・アップのつもりで、肩甲骨を動かしてみましょう。ふだん我々は〝腕を動かそう〟とは意識しても、〝肩甲骨を動かそう〟と意識することはほとんどないでしょう。

骨格構造を理解した上で肩甲骨を意識して動かすだけで、それまで動かせていなかった部分が動くようになってきます。

ここでは、相撲の「土俵入り」のような動きを真似て行なってみます。

腕を上へ差し上げた時には肩甲骨はどう動こうとするか、横に開いた時はどうか、腕を捻った時はどうか、自分の身体内部を観察するつもりでゆっくり、じっくりと行なってみましょう。

練習2　腕を伸ばす

肩を壁に軽く付けて片手を裏に返して手の下筋(小指側)

練習1　肩甲骨を意識して動かす

相撲の「土俵入り」のように手を大きく動かしながら、その時肩甲骨はどのように動いているかを自己観察する。動いていなかった肩甲骨が動き始めることによって手の動きはより大きくなってくる。

練習2　腕を伸ばす

肩を壁に軽く付けて（写真1）、片手を裏に返し、下筋（小指側）を意識して腕を伸ばす（写真2）。片側と比べてみると少し伸びているのが確認できるのは、肩甲骨が動いた効果。

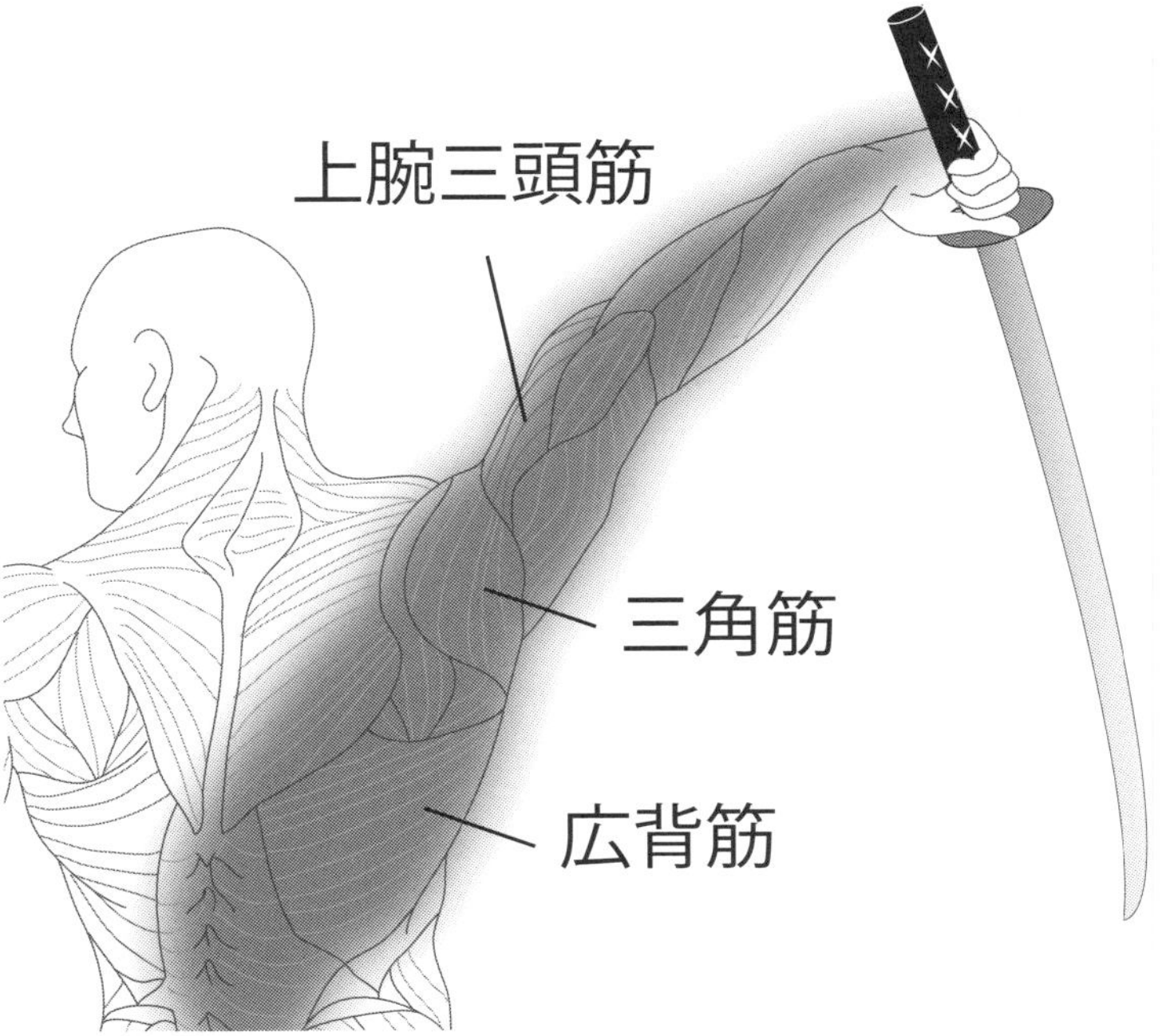

武蔵の言う「下筋強く」とは、小指側から〝伸筋系〟をきかせよということ。〝伸筋系〟をきかせると、指先から背中にいたるまで、繋げて稼働させることができる。

を意識して突き出します。反対側の手より15センチメートル以上は伸びたと思います。これを「長い手」と言います。

練習3　袈裟斬り

肩甲骨を肋骨の上を滑らせるように振ります。肩は上がりません。

〈太刀の持ち方〉

腕が伸びたところで太刀（木刀・竹刀）の持ち方です。武蔵は『兵道鏡』で「薬指・小指を締めて」また私見によれば50歳のころ書いた『円明三十五ヶ条』では「上筋弱く、下筋強く」とも書いています。晩年熊本で書いた『兵法三十五箇条』にはその両方が書いてあります。

これは、構えた時の腕の上側（親指側：屈筋系＝腕を曲げるのに使われる筋肉群）でなく下側（小指側：伸筋系＝腕を伸ばすのに使われる筋群）を使えという意味です。

腰のあたりにある広背筋は上腕骨に繋がっており、腕を引き下ろす動作に関わっています。剣術で「刀は腰で振れ」などと言われますが、現代人にはなかなかピンときにくい言葉でしょう。でも、この構造を理解すると、なんとなくつかめてくるのではありませんか。

小指側の下筋を使うと、伸筋系が稼働することになり、

練習3　袈裟斬り

剣術の斬撃動作を行なうにあたって、まず大事なのが太刀の持ち方。ただ腕を動かせばよいというものではもちろんなく、力をロスなく剣先にまで伝える事が重要。そのためには手根骨の付け根が刀に乗るようにし、小指、薬指を締めて持つ。これによって下筋がきいて体幹から末端までが繋がり、力が伝わる。

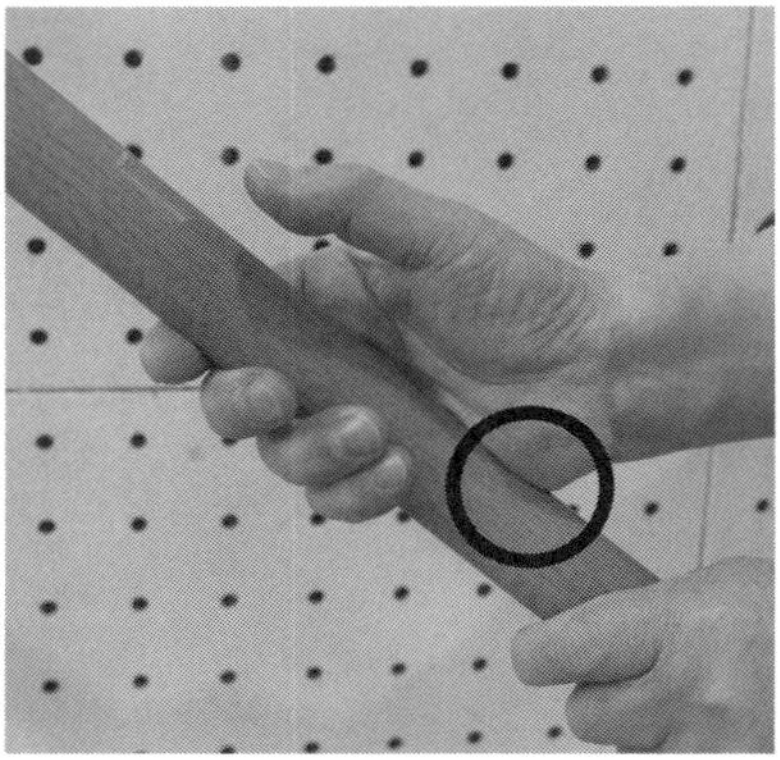

龍の口

手根骨の付け根が刀に乗るように合わせ、小指、薬指を締めると親指～人差指が自然にU字となる。この持ち方は柳生新陰流で「龍の口」と称されている。

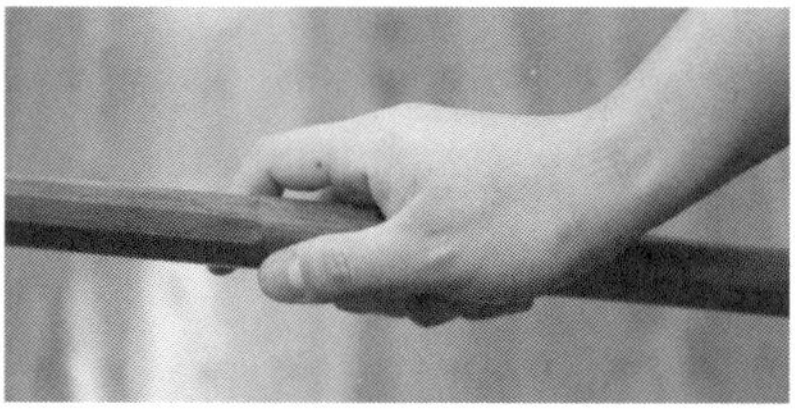

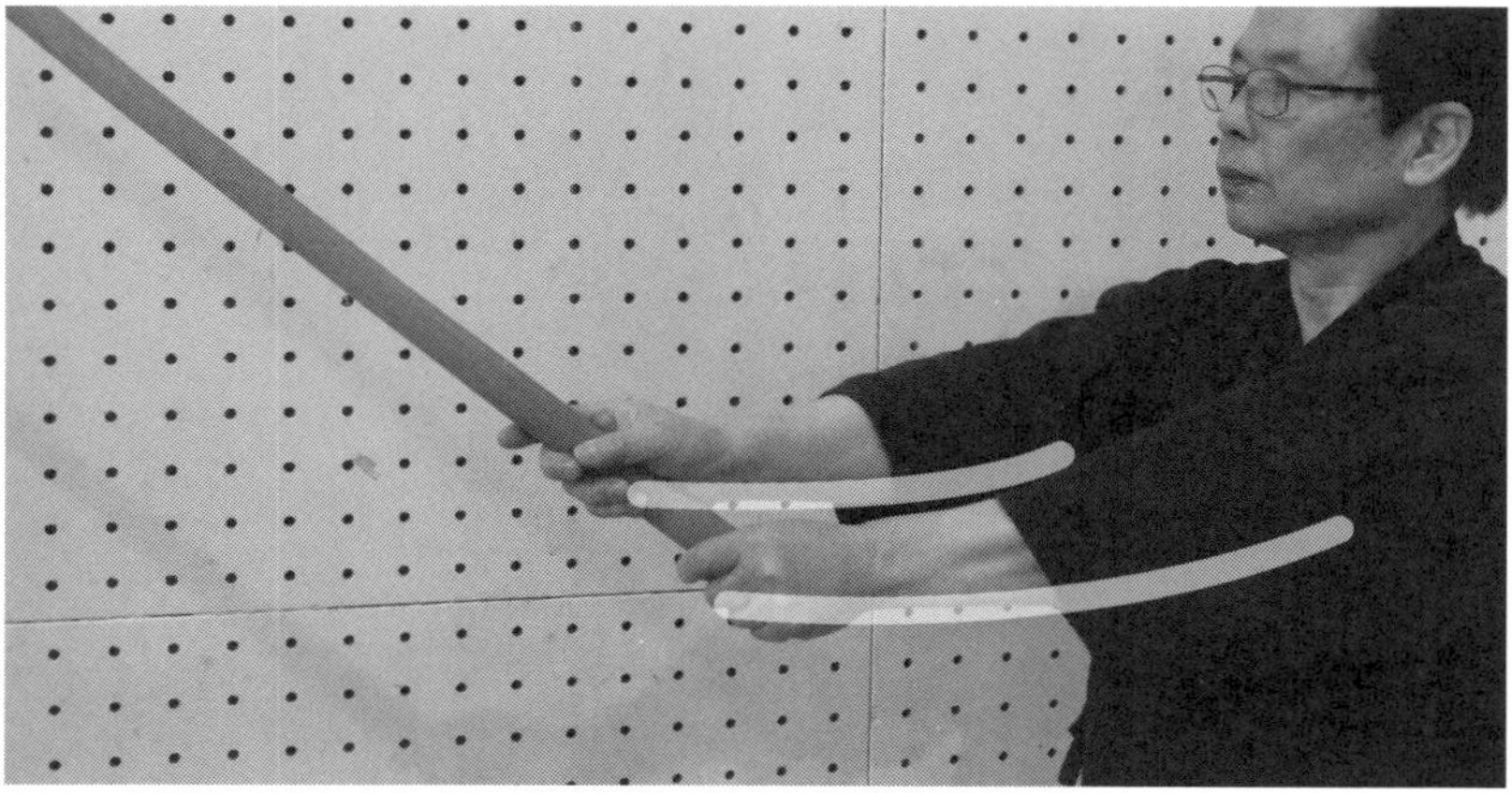

斜めに斬り下ろすのが袈裟斬りの軌道だが、手だけ動かすのでなく、全身を連動させた動きになっていなければならず、かつ，体幹を崩してはならない。得てして骨盤の向きを変える操作に体幹がもっていかれてしまい崩れがちになるが（写真左下）、こうならないためのポイントは、実は仙腸関節の自由度。仙腸関節が固まっていると「真直ぐな背骨」を維持するのが難しい。

手の先から腰までが繋がって使えてくるのです。

小指でしっかり握ると下筋が緊張します。この下筋に太刀筋を合わせ、腕全体を太刀の延長として振るのです。その際、大事なことは太刀の柄を小指の線の手根骨のふくらみの前の窪みに入れて持つことです。これによって足腰の力が手の下筋を通って太刀先に伝わり大きな斬撃力を生み出します。

そばやうどんをこねる際、手の指先ではなく手の付け根の手根骨を押し付けるのを見てもこの握り方の合理性が分かると思います。柳生新陰流でも「龍の口」といって同じ握り方をします。

江戸武士の遺ったままの厳周伝柳生新陰流を伝える神戸金七先生は、「近頃の人は太刀の持ち方を知らない。正しく太刀が持てなかったらこの流儀は駄目だよ」と言って厳しく指導されたそうです。手根骨で持たないと、太刀を上から叩かれたら落ちる恐れがあります。早さや長い太刀を抜くためでなく戦いの法を学ぶためには、この持ち方をぜひ学んでください。

さて、この袈裟斬り、実は肩甲骨の運動だけではありません。振り上げた状態から斬り下ろした状態に至り、骨盤の向きが変わっています。しかし、足の位置は変わっていません。つまり、ここには股関節の動きが関わっているのです。

「真直ぐで揺るがない上体を維持すること」が大事であることは、前章で述べました（第3章「3　背骨で立つ」参照）。

股関節が動かず、骨盤が回らなければ、それでも刀を左へ斬り下ろすために胸椎・腰椎を捻って無理をさせなければなりません。これでは「真直ぐで揺るがない上体を維持すること」はかないません。

さらに必要になってくるのが、仙腸関節の可動性です。「仙骨はあまり動かないと思われており」と先に記しましたが（23ページ）、実は動きます。というよりも、動かなければならない部位なのです。

確かに、多くの人は、この仙腸関節が固まって、動かない状態にあります。その状態で袈裟斬りを行なうと、どうしても腕だけで斬り下ろさざるを得ず、上体にわずかなブレが生じます。

武蔵の考える「真直ぐで揺るがない上体を維持すること」に留意してこの袈裟斬りをやってみて下さい。なかなか難しいことに気が付くでしょう。それでもきっと、数を重ねるほどにできるようになってきます。それは、股関節、仙

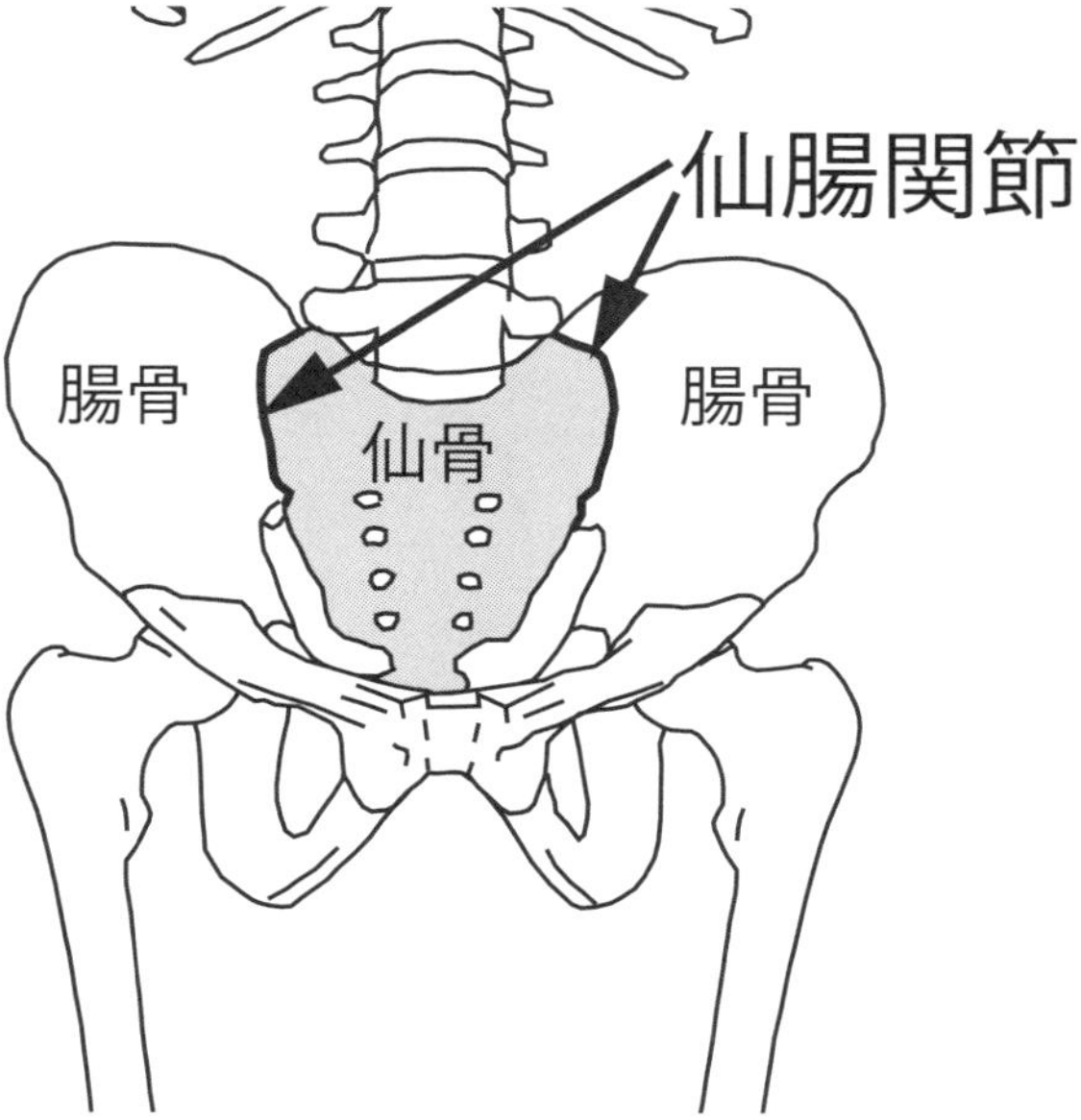

股関節と仙腸関節の可動性が良くなければ、袈裟斬りのような動きの中で「真直ぐで揺るがない上体」を維持するのは難しい。

腸関節が動くようになってきた、身体変化に他ならないのです。

股関節は、移動系の動作を繰り返しているうちに自然に動くようになってきます。必要以上に可動域を広げようとする必要はありません。スムースに動けばいいだけなので、比較的苦労はないはずです。

問題は、仙腸関節です。数ミリしか動かない関節ですが、仙腸関節が癒着して動かなくなると、全身の骨と筋肉に大きなダメージを与えます。

2 仙骨体操―仙腸関節の可動性を高める

わたし達の稽古会は最初踵を付けたすり足をした後、「廻し打ち」と「斬り上げ」（34〜37ページ参照）を10分ほど行います。これだけで肩関節と股関節の可動性を高めるには十分なのですが、これだけでは門人の多くは仙骨を締めた背骨を働かせる動きにはならないようです。そこで仙骨と仙腸関節の可動性を高めるために仙骨運動を考案しました。

仙骨および仙腸関節の重要性にぜひ注目して下さい。

最初は仙腸関節の位置を確認しましょう。腸骨を人差し

練習4　仙腸関節が動く感覚をつかむ

両手で自分の仙腸関節のあたりに触れ、そのまま軽くスクワットすると、仙腸関節が動くのが感じられる。

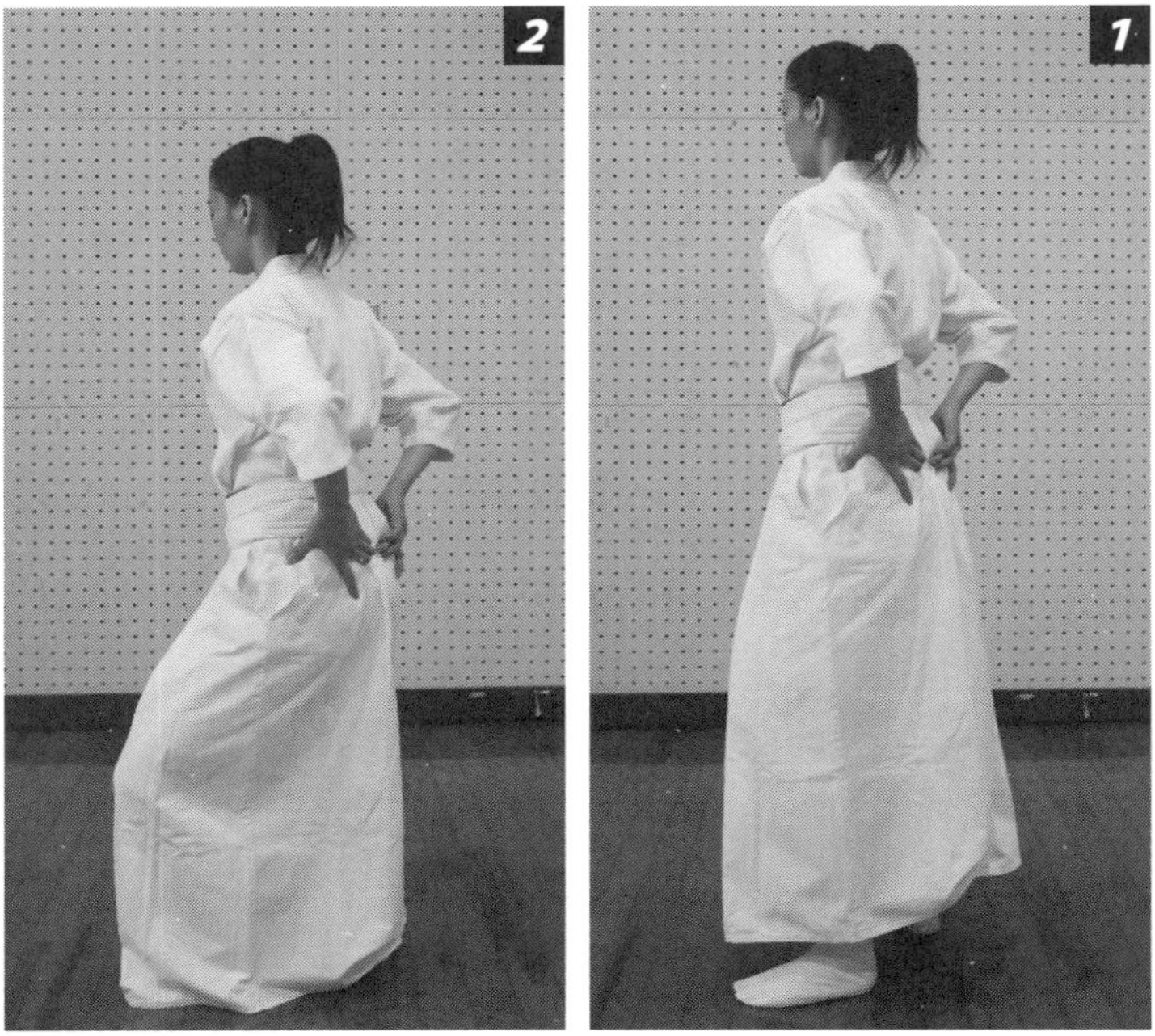

低い台に片足を乗せ、逆側の足をブラブラと振る。この体勢によって仙骨に対し自由な状態となった腸骨が大腿骨につれて動き、結果として仙腸関節が動き出す。

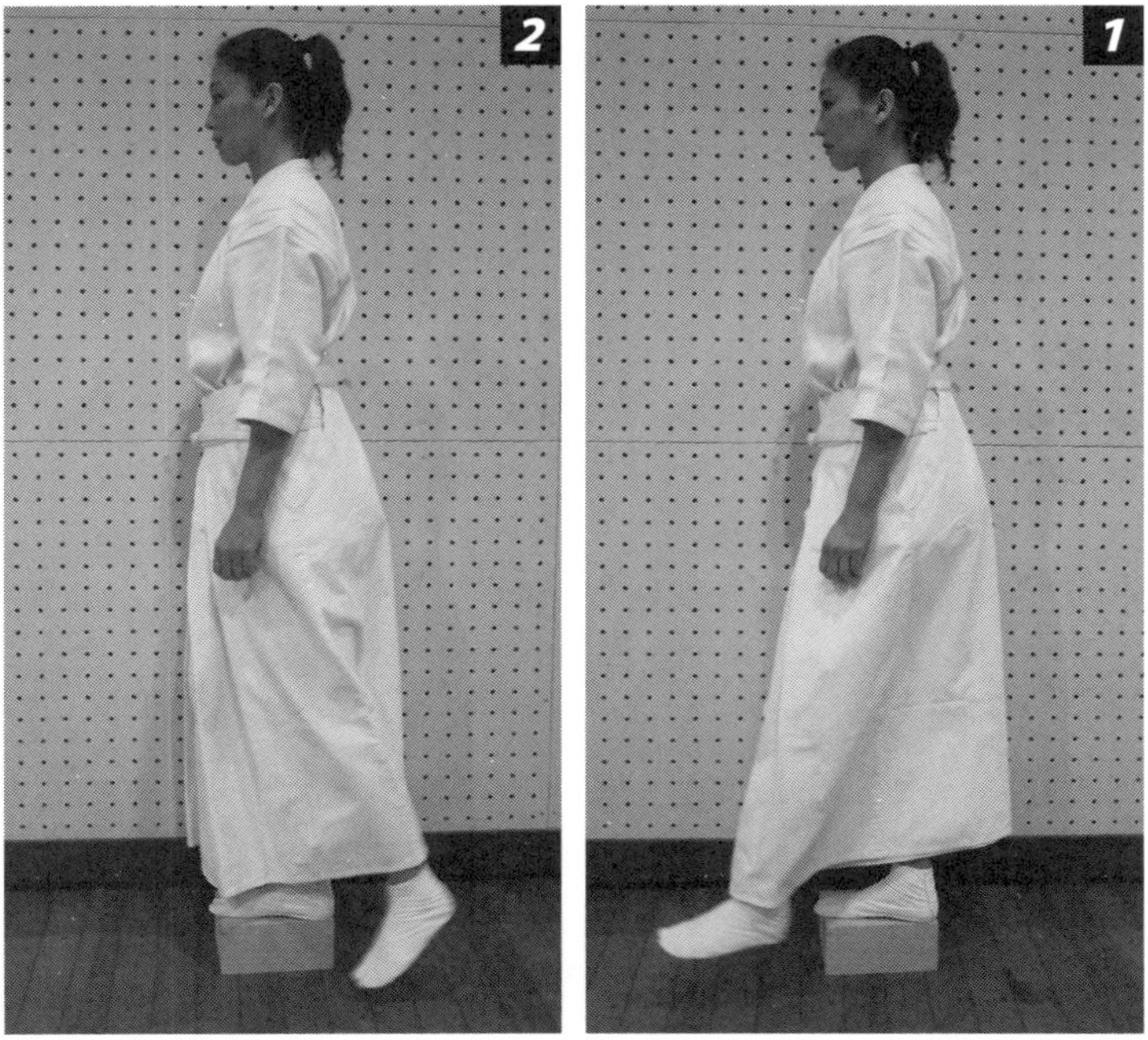

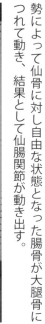

指と中指で触り、腸骨に沿って指を腰の後ろに移動してみて下さい。丸く下がった位置に少し角ばった大きな骨にぶつかるでしょう。左右の指の間が6センチくらいの位置です。その少し下に縦の溝があるのが分かると思います。

それが仙腸関節の上端です。分かりづらかったら、触ったままスクワットをしてみると溝を感じやすいと思います。

練習4　仙腸関節が動く感覚をつかむ

仙腸関節に触れたままスクワットをすると、わずかながらそこが動くのを感じられると思います。可動性を大きくするには、腰を入れて仙骨を締めできるだけ大股に歩きます。これだけで仙腸関節の可動性が生まれます。

もう一つ、仙腸関節を動かすのによい方法があります。まず低めの台を用意してその上に片足で乗ります。逆側の足は台の外に出るようにしてブラブラした状態にします。この体勢をとると片側腸骨が非常に自由な状態になります。そのまま足をゆっくりと振ると、自然に仙腸関節が可動するのです。ゆっくりと仙腸関節が動く感覚をつかんでみて下さい。

同じようにして仙骨を締めたスクワットも有効です。

練習5　仙骨体操

次に仙骨を意識した仙骨体操をしてみましょう。仙腸関節が動くといっても数ミリのことですが、身体全体に及ぼす影響は大きなものがあります。

仙骨体操は武蔵『兵道鏡』の「身形（みなり）が真直ぐでかすかに揺らいでいる」ことと柳生新陰流の「尻をすぼめる」と「尻を張る」（後述）を組入れた体操です。

最初は48ページの「真直ぐに振る」から始めます。立ったらいったん10秒ほど仙骨を締めると同時に尻の穴をすぼ

仙骨体操の原理

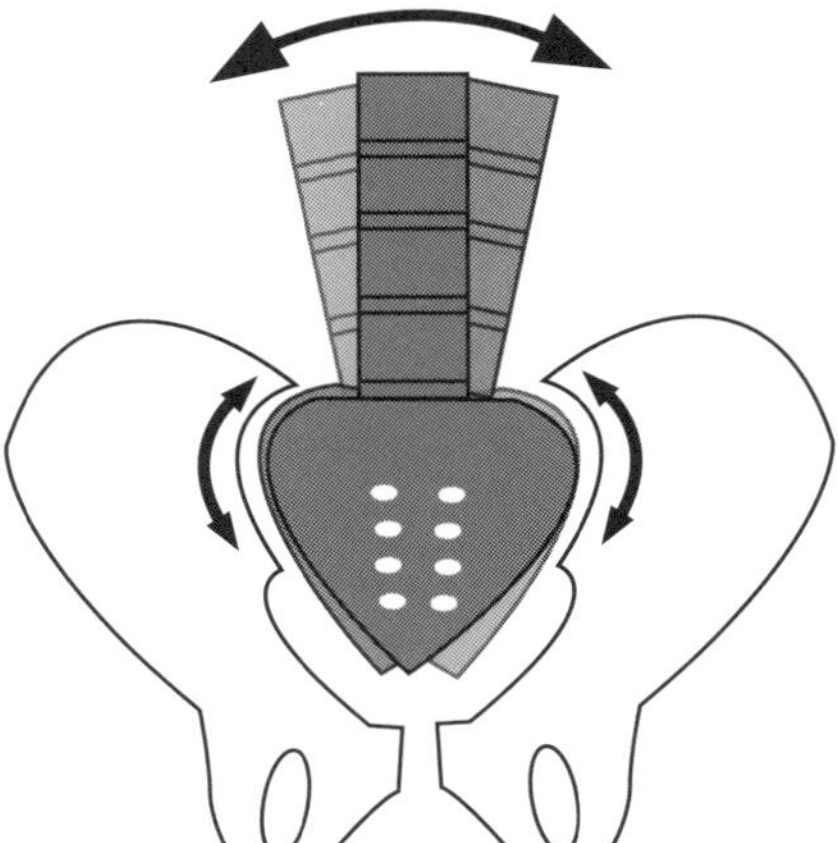

背骨〜仙骨を真直ぐにし、それ全体を動かすことによって、腸骨との相対的な動きをつくる。

練習5　仙骨体操①（左右の動き）

手を上に伸ばす。肩の力を抜き、下に力を落とす（1）。腰から曲げずに背骨と仙骨を真直ぐにしたまま、身体を左右に仙骨から曲げる（2〜4）。

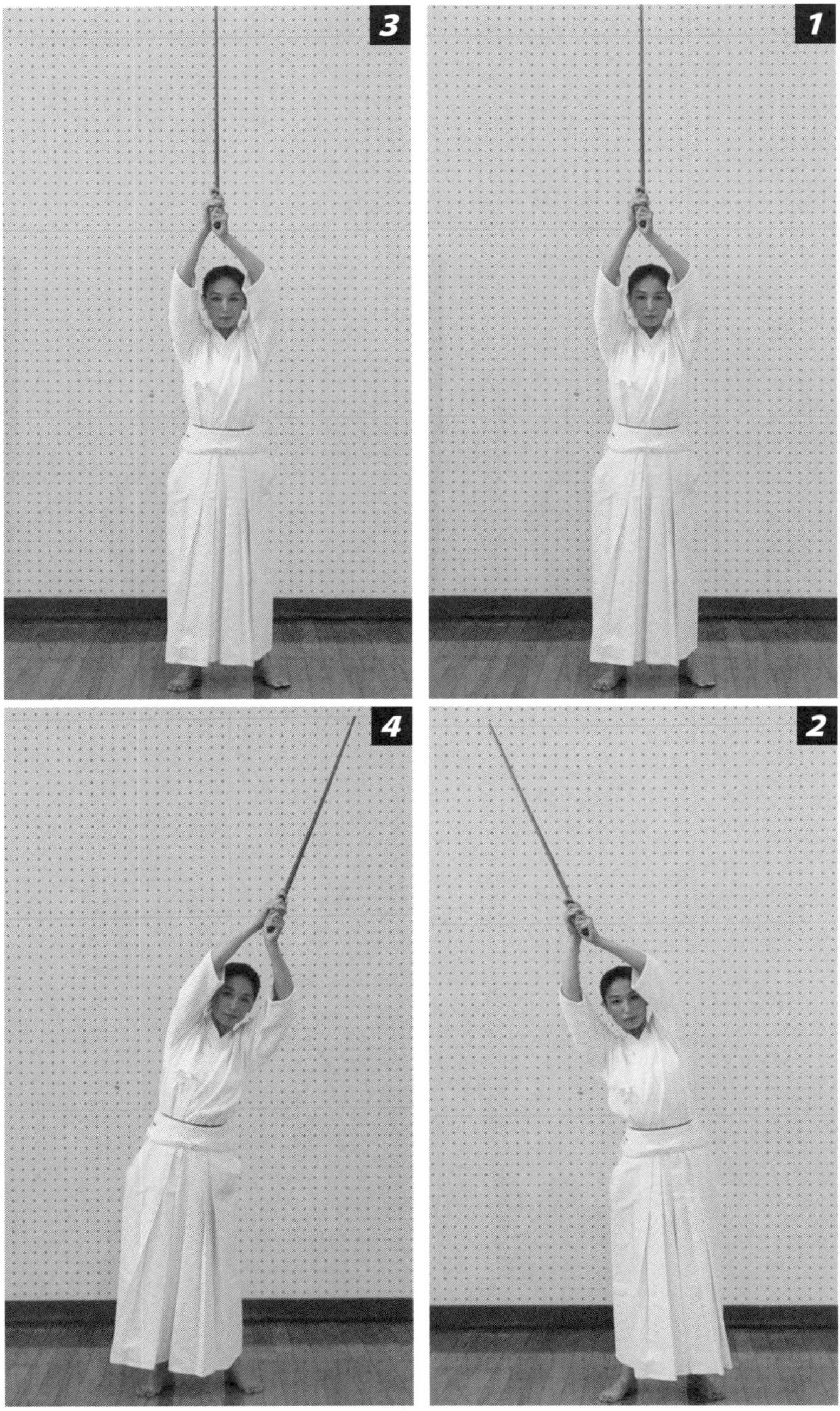

仙骨体操②（前後の動き）

「左右の動き」と同じように手を上に伸ばし、肩の力を抜き、下腹に力を落とす（1）。腰から曲げずに背骨と仙骨を真直ぐにしたまま、身体を前後に仙骨から曲げる（2～4）。

仙骨体操③（横を向く動き）

手を上に伸ばす（1）。足は前に向けたまま、腰を捻らないで仙骨から身体を右に向ける。このとき左の脇腹を伸ばす（2）。

木刀を下ろして上げたあと（3〜4）、同じように仙骨から身体を正面に向ける（5）。

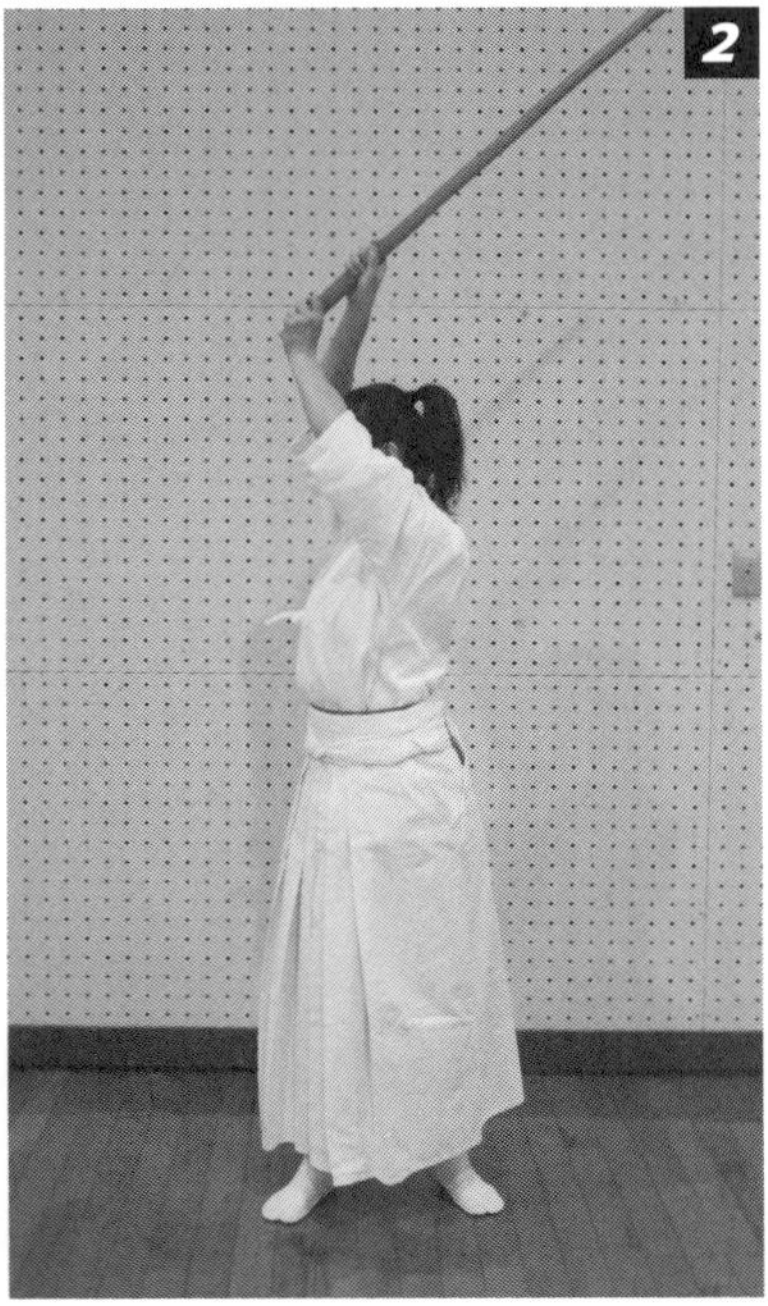

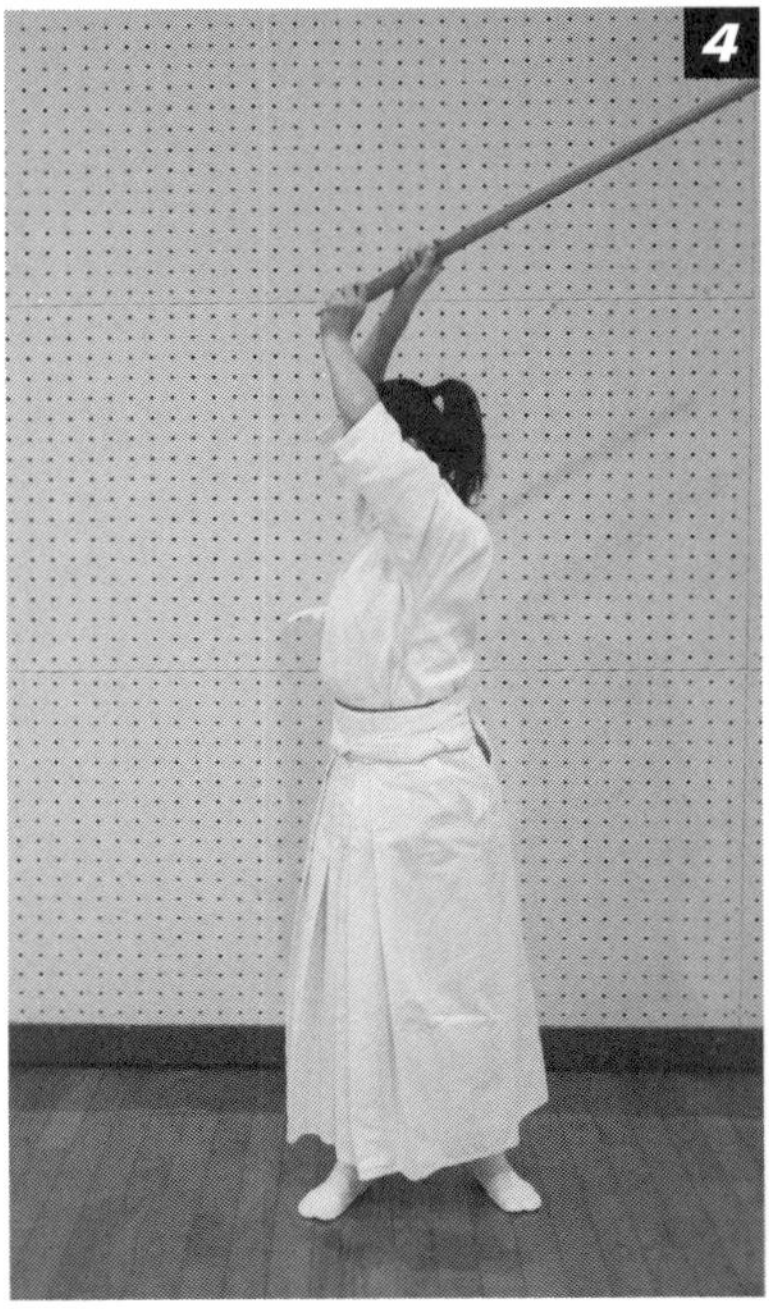

逆側も同じ動きを行なう（6〜8）。

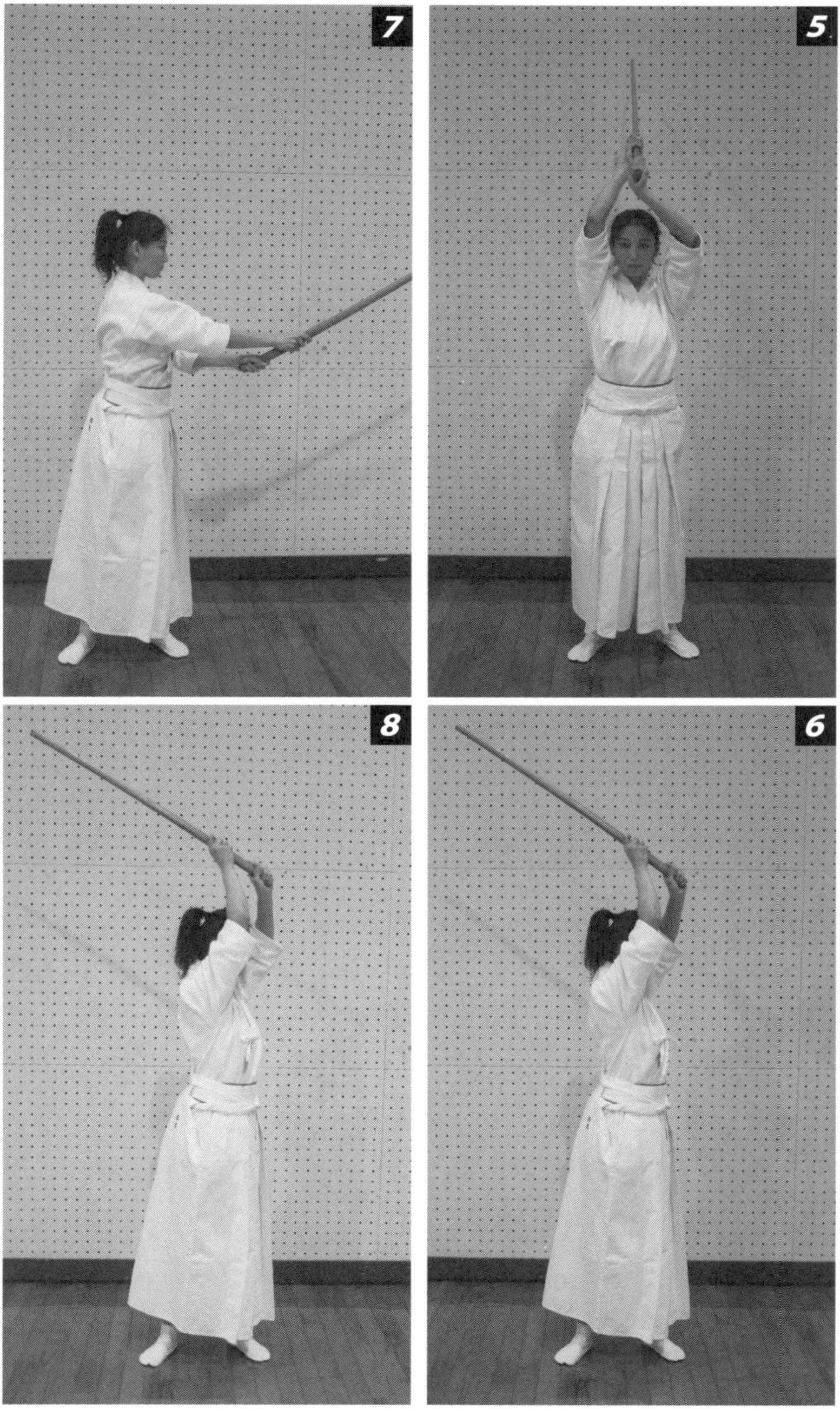

仙骨体操（素手）
木刀を持つのは背骨から仙骨まで通る真直ぐなラインを明瞭に意識するのが目的なので、馴れてきてこの意識が失われなくなってきたら、木刀を持たずに手を合わせて行なってもよい。

めます。10回ほど木刀を振ったら①～③の仙骨体操を10回ずつやります。仙骨の可動性を高めるのが目的ですが、直接的には仙腸関節の癒着をほぐすことを意識したほうがやり易いようです。仙骨は繊細なところなので深く曲げようとしないで下さい。30度ほどで十分で、それ以上曲げると筋肉運動になってしまい、仙腸関節に働きかけるためにはマイナスになってしまいます。

仙腸関節が緩んだら、その状態を維持するためには廻し打ちと下からの斬り上げをします。廻し打ちは特に仙骨を引き上げている脊柱起立筋や多裂筋を鍛え、下からの斬り上げは仙骨を下から支えているお尻の筋肉である大殿筋も鍛えます。

仙骨体操は両手だけでもやれますし、慣れてきたら椅子に座ったままでもやれます。

スポーツだけでなく何かする時の準備体操としてやれば気持ちも身体も充実するでしょう。この仙骨体操は仙骨だけでなく背骨全体の可動性を高めます。私は「若竹しなやか体操」と名付けて稽古会だけでなく介護の学校の腰痛講座や市民大学の文学講座でも必ず行なうようにしています。みなさん背骨を伸ばしてゆっくり動かす事はすこぶる気持ちがよいようです。

3　踵すり足ウォーキング―大腰筋の稼働

久野譜也氏は『大腰筋を鍛えなさい』（飛鳥新社刊）で、運動には呼吸による酸素をエネルギー源に使った代謝・動脈系の有酸素運動と、酸素を使わないで筋細胞中にストックされた糖をエネルギー源に使った筋肉系の無酸素運動とがあり、ウォーキングは有酸素運動であり、歩くだけでは下半身の筋肉を鍛える効果はほとんどないので、健康維持のためにはウォーキングだけでなく筋トレも行わなければならない、と述べています。

さらに「すり足歩きは老化のサイン」で大腰筋の衰えが進んでくるとすり足になると言います。老化防止のための筋トレは重要です。

しかし、すり足も踵を付けると全く違った運動になるのです。安田登氏は「能に学ぶ深層筋エクササイズ」という副題を持つ『疲れない体をつくる「和」の身体作法』（祥伝社刊）で、すり足を「大腰筋を活性化させる最もいい和

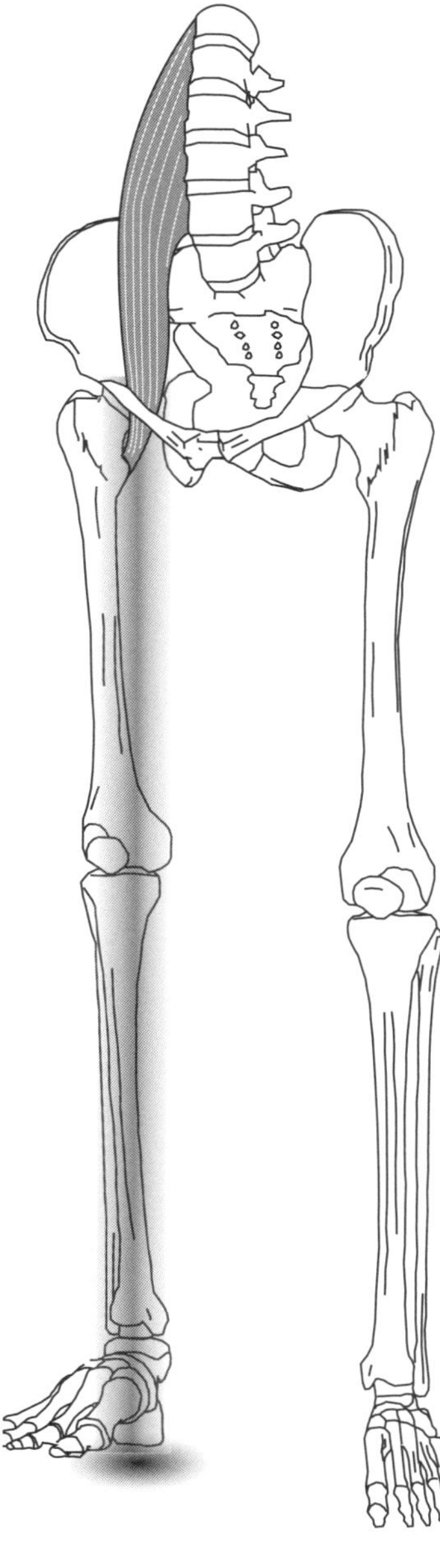

踵を着けるすり足では大腰筋が活用される。大腰筋は非常に大きな筋肉にも関わらず、使おうと思っても稼働させるのが難しい筋肉の一つ。

の身体作法」と語っています。

その要領は、「脚が腰、背中から出ているのを感じながら振る」ということです。

私の言い方でいえば仙骨を締めること、および踵を付けて歩くことが重要です。そのことで大腰筋とハムストリングスが働くようになります。能も伝統武術もすり足で歩くのを見るとそれが江戸時代までの日本人の歩き方だったことがわかります。

ただしくれぐれも筋力が弱まって足が上がらない口実にはしないでください。腰が曲がったままでは太ももは上がらず大腰筋もハムストリングスも働きません。

私はむしろ老化による転倒予防のために踵すり足ウォーキングを提唱したいと思います。無理に足を上げようとして転倒する場合が多いのです。

踵を付け、仙骨をまっすぐに立てたすり足に慣れてくると、つま先が障害物にぶつかっても踵重心なので倒れにくくなります。歳をとってからの転倒防止のためにも日頃からそれだけで筋トレにもなっている「踵すり足ウォーキング」を心掛けておくと歩くだけで大腰筋を鍛えることにもなり、転倒防止には有効です。

練習6　踵すり足ウォーキング

踵重心で重心を移動させるように腰を出しながら足をはこびます。踵を付けてすり足で歩くので当然肩と腰を交互にねじる一軸歩行でなく二軸歩行になります。

最近よく日本人は一軸歩行をしているという論を見かけますがそんなことはありません。先日、鎌倉小町通りを朝まだ人ごみにならないうちに駅から歩いてくる大勢の人を観察しましたが、ほとんど二軸歩行をしていました。スマートな歩きをしようと意識した場合は多くの人は一軸歩行をしますが、普段はだれもが二軸歩行をしているのです。横浜や名古屋駅、品川駅でも同じでした。

武蔵はつま先を上げるとあります。踵をつけても重心が前に移動するのを避けるためです。ただしそれは上級で、最初はとにかく踵重心で歩きます。長い足を意識して歩けば大腰筋は鍛えられます。馴れてきたらつま先を上げて歩いてみてください。さらに大腰筋が働くのが分かるでしょう。

もともと日本人は着物を着ており、着物を着て鼻緒がついた下駄・草履をはいた場合は足を上げると着物がはだけるので自然すり足になるはずです。

練習5　踵すり足ウォーキング

踵重心を意識して歩けば、いつの瞬間も即座に力が発揮できる状態にあるため、それが武術歩行の基本となっている。足をあまり上げないすり足では、足の運びに大腿筋（腿の筋肉）があまり用いられない代わりに大腰筋などの深層筋が活用されるようになる。

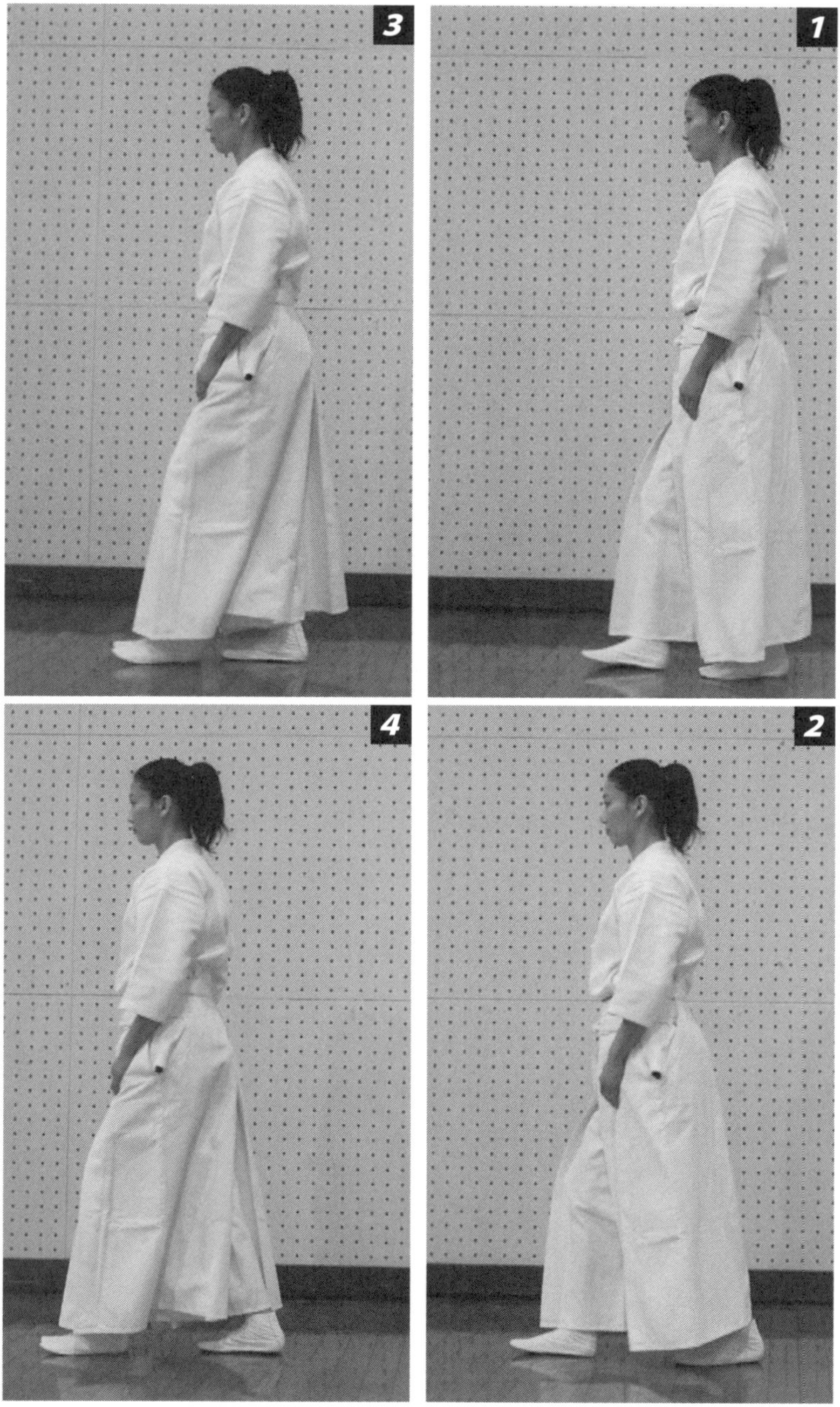

両足の置きどころが一直線上に並ぶ「一軸歩行」と左右が平行する二線を形成する「二軸歩行」。

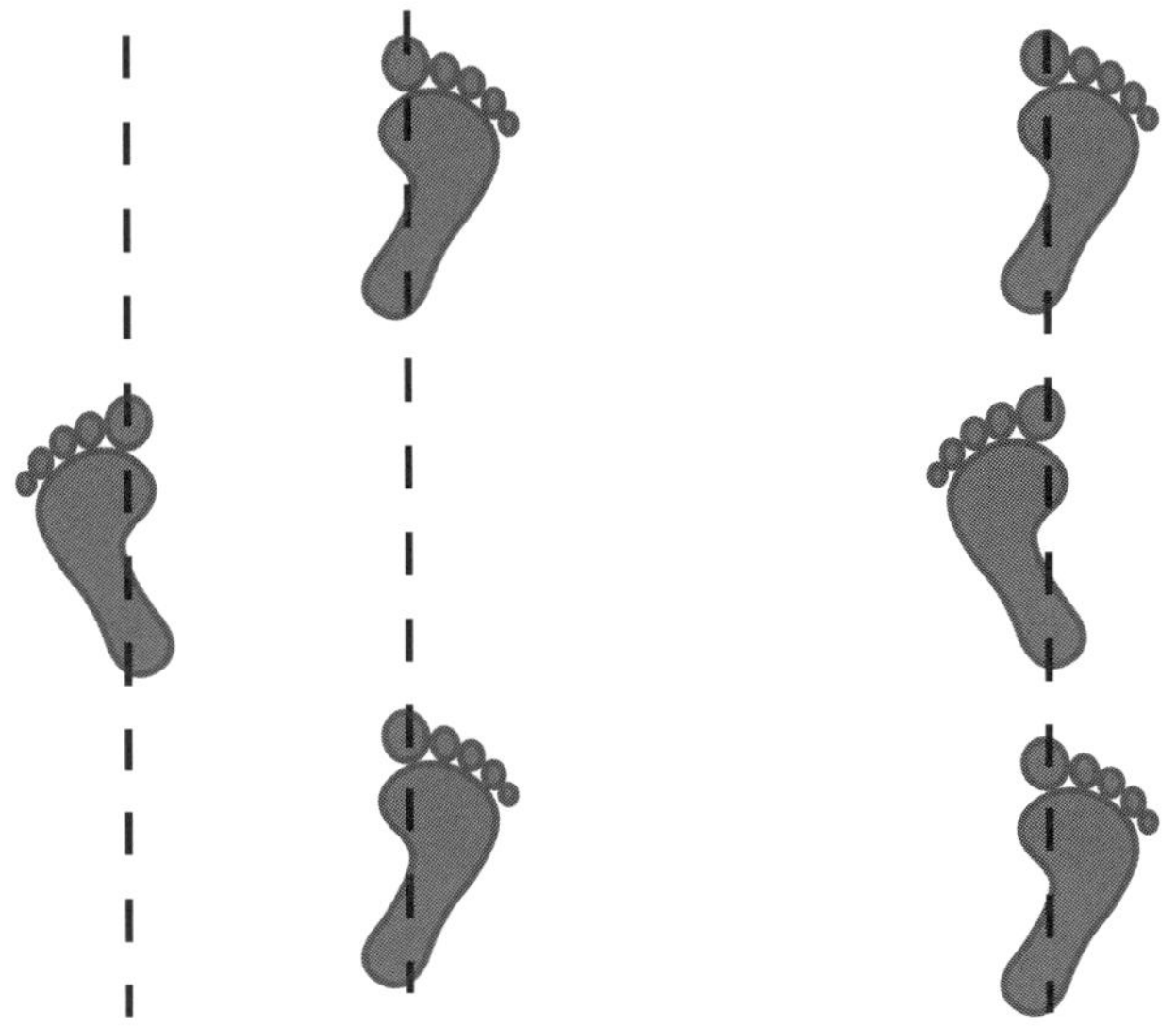

その場合膝は緩みます。ヨーロッパ人の歩き方を理想とする傾向がありますが、ヨーロッパの人が日本人の歩き方を見ると膝が前に出ておかしいそうです。胸でなく腰を重んじる日本人はすり足で歩く歩き方が合っているように思います。猫背や腰が曲がったまま歩くと、膝が曲がったすり足歩きになりますが、背中から足が出ていると意識する長い足で歩くので、足を前に振り出す時は自然に膝が伸びています。その足が着地する瞬間に膝を緩めるのです。そのことで膝への衝撃がなくなり、しかもその膝の緩みが反対の足を踏み出す時のバネとなるのです。バネとなった後、膝は伸び、身体の緊張のない自然な歩きになります。

女性週刊誌が内股歩きが女性らしい色気のある歩き方であるとする論を展開することがありますが、内股歩きは股関節が内旋し、外反母趾や腰痛など多くの障害の原因となり、骨盤底筋も鍛えることができません。

歩き方も文化なのです。健康にあった日本の文化を取り戻しましょう。

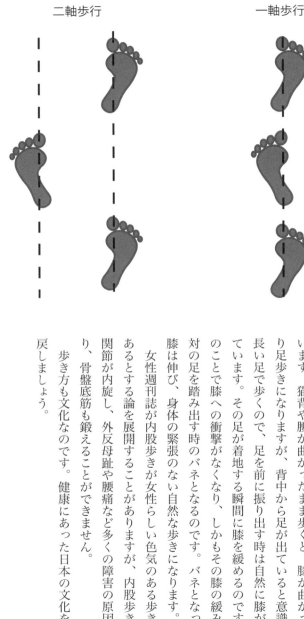

Column

現代日本人の歩き方

別表は本書の実技を担当しているウォーキング・インストラクターの若尾さんが品川駅付近で女性100名、男性52名を調査した結果です。

品川でもやはり二軸外股がほとんどでした。男性はほとんどが二軸で外股、女性は二軸が70名、一軸が30名。女性も二軸でつま先外向きが一番多いのですが、男性よりも内股の方が多くなっています。一軸も女性に多く見られます。一軸歩行はよく女性の美しい歩き方の理想とされますが、多くが内股になっています。

彼女の印象では、きれいな一軸はほとんどいないということです。

モデルさんは歩きだけでなく、股関節や膝の使い方などの訓練を受けているので、内股にならない一軸歩行ができているのでしょう。

〈つま先〉

女	二軸	外向き	29名	男	二軸	外向き	36名
		真直ぐ	22名			真直ぐ	8名
		内股	19名			内股	7名
	一軸（ほとんど内股）		30名		一軸		1名

日本に来た外国人も驚く、女子高生だけでない多くの日本人の内股歩きは、昔から日本人が膝を曲げて歩いていたということによると思われます。

着地するとき膝を曲げていると、一般には外旋します。それが明治以来、真直ぐであることが良しとされるようになったので、無理に真直ぐにしようとして膝を寄せると、内股になるのです。

鎌倉を歩く多くのヨーロッパ系外国人も、ほとんどが二軸外股です。日本人と違うところは、膝を真直ぐにしているため、内股にならない点です。

第5章

仙骨を中心とした連結操作

いかに力を生み出すか？

――全身を繋ぐために③

1 秘技「くねり打ち」

肩甲骨や股関節、仙骨が動くようになり、大腰筋が働くようになってきたら、いよいよ「全身を繋げて使う」条件は揃ってきたと言えるでしょう。

では、全身を繋げる操作とは、具体的にはどうすれば良いのでしょうか？

次ページの写真は、「くねり打ち」という、柳生新陰流の高等技法です。

この技は、見ていると、本当に一瞬のうちに決まってしまいますが、柳生新陰流ではこれを〝一拍子〟に決めると伝えられています。

〝一拍子〟、すなわち、「かわして」～「反撃する」、では駄目なのです。相手の攻撃をかわす動作自体が攻撃動作になっている、そんな境地を目指しているものです。

だから、反撃動作にも大きく振りかぶったりしません。ほんのわずかな動きなので、まるで小手先だけで打っているように見えるかもしれません。しかし「小手先だけ」ではよしとしないのが古流剣術です。

写真で使用しているのは、柳生新陰流および円明流で用いられている武具「袋竹刀」です。現代剣道で用いられている竹刀よりも細かく割った竹を皮の袋で覆ったものです。柔らかいので、身体に直接当たっても怪我をしません。

実際に稽古で打たれてみるとわかりますが、熟練者の「くねり打ち」は、自分は小手をはめていて、相手は柔らかい「袋竹刀」にもかかわらず、手首にはズンと重い衝撃が走ります。小手先でひっぱたいているだけの斬撃ではないのです。

その秘密は、もちろん「全身を繋げて使う」ことです。それが本書のテーマですからね。

具体的には「エマす」という操作が不可欠になってきます。序章で例にあげた「斬り上げ」もそうでした。そうです。この「エマす」という操作はいろいろな技において威力をもたらす〝極意〟なのです。

〝極意〟ですから、もちろん、そう簡単にはできるようにならないものです。でも一方で、なんのこともなくできてしまう人もいます。別にややこしい操作な訳ではなく、「全身を繋げる」ための一方策にすぎないものだからです。「全身を繋ぐ」要領を得ている人は、できてしまったりするんです。

まあ、できなくとも、いいんですもちろん。「エマす」

がどういう方向を目指している操作なのかを理解すること、それは本章の第一単元に、まさにふさわしいのです。

2　エマすー股関節の外旋

次ページの写真は春風館道場、加藤伊三男館長による、「くねり打ち」を打ち終わった瞬間の姿です。刃は下を向いた状態で、相手の小手を上から下に斬り下ろしたところです。いかに特殊な打ち方か、おわかりいただけるでしょ

柳生新陰流「くねり打ち」
中段に構えた状態から（1）、小手を狙う相手の斬撃をかわすや否や（2）、その動きのままに相手の小手を斬る（3）。振りかぶるほどにもいかない小さな動きにして、小手先の動きではない〝威力〟の乗った斬撃になっていなければならない。

「くねり打ち」で打ち終わった瞬間の姿。右肩が上がらないようにするのが理想かつ至難の業。加藤館長のそれは見事の一言。

う。

斬り下ろす動きに力を付加する、というと「体重をのせる」ことを考える方も多いかもしれませんね。しかしこの格好では無理そうです。

ここで「全身を繋ぐ」ことによって、全身からの力を切っ先に集中させることができれば、大きな力となります。もし〝足腰〟の力を斬撃に導入することができたら、それは凄いことでしょう。

どうすれば〝足腰〟の力が上半身にまで伝わるのでしょう？

それには、股関節を繋ぐのです。16ページで述べた股関節の外旋（両足を外方向に回す）です。

外旋させると、股関節は〝はまる〟方向に作用します。これによって下半身と上半身は繋がるのです。

ただしこの「エマす」操作は単純に両大腿骨を外旋させる、というものではありません。見た目にはそれほどの動きはない。「腰を落とす」ようにも映りますが、「エマす」とはそういう意味でもありません。

「エマす」とは、非常に難しい言葉で、明確な動作定義が存在しないのです。だから感覚的に解釈するしかない。言い方を変えれば、この武術用語は感覚的にとらえられな

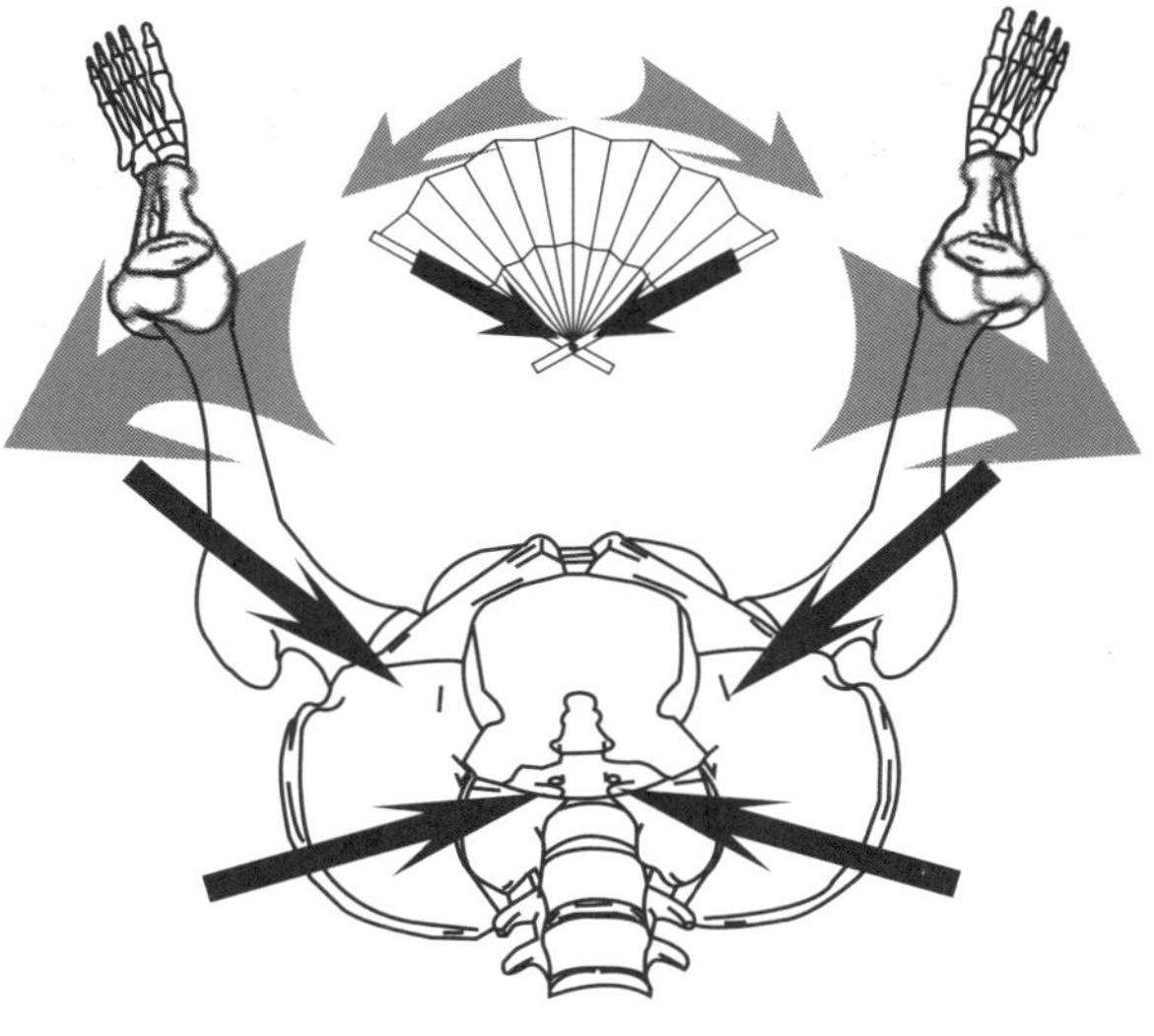

赤羽根大介師範が『月刊秘伝』誌の取材に応えて伝えた「エマす」の感覚的イメージ。扇をパッと開いた瞬間に、力が〝要（骨の端を留めている金具）〟に集中する。〝要〟に相当しているのは仙骨だ。なお、長岡房成（柳生新陰流中興の祖）はこの操作を「膝に力をとる」と表現した。

ければ意味がないから、明確な動作定義が存在しないのです。

『月刊秘伝』誌の２０１４年5月号の記事「柳生新陰流に秘められた瞬撃力発動法」に、赤羽根大介師範による次のようなコメントが掲載されました。

「扇をパッと開いた時にその力が〝要〟に集中するごとく、中心に集まるイメージ」

これは「あくまで個人的な感覚」という前提のもとに語られたものですが、大いに参考になるでしょう。

足を外に回すのでも、膝を開くのでも、腰を落とすのでもないのです。この操作は〝仙骨への集中〟です。そのための方法の一端として股関節の外旋が用いられており、それをやわらかでバネのような膝をもって行なうから、わずかに開き、わずかにたわむ（腰が落ちる）、という結果になるのです。

膝を開こう、腰を落とそう、と思ってこの操作をしようとすると、動きはまったく別物になります。

練習1　〝股関節を繋げる〟感覚をつかんでみよう！

「エマす」というのはなかなかすぐにできるようになる操作ではありませんが、その前段階として、〝股関節を繋

練習1　〝股関節を繋げる〟感覚を体験してみよう！

まず足を平行にして立ち、相手役と向かい合って手を合わせて押す。たいがい、足を前後に開いた相手に押し勝つことはできない。しかし次に、足を逆八の字になるようにして立って、踵と親指を地面に押し付けるようにしつつ足を外旋させるように働かせる（実際に足は回らなくともよい）と、思いのほか大きな力を生み出すことができる。こちらの力に耐えようとする相手の力が自分のどこにかかってきているかを感じることが重要。

足を平行にする

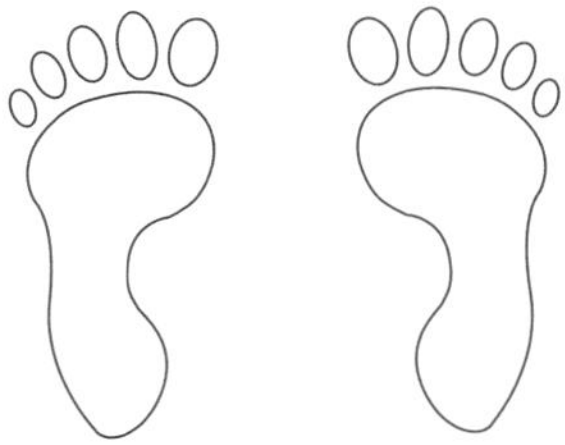

足を逆八の字にして外旋

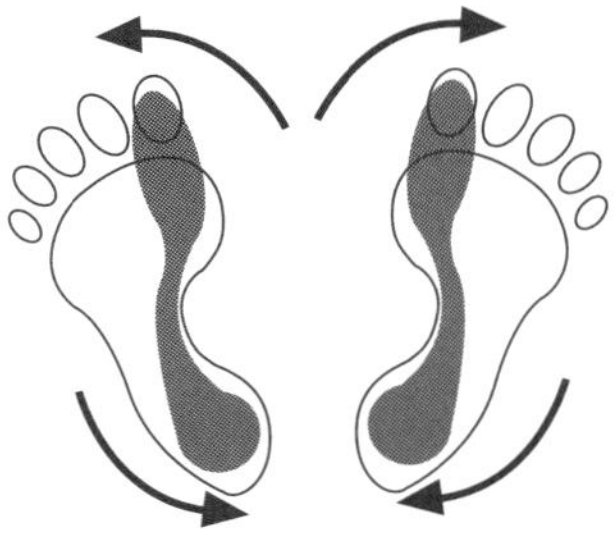

げる〝感覚を体験してみましょう。

誰か相手役に協力してもらって、向かい合って立ち、手を合わせて下さい。

まず、足を平行にして立ちます。その状態から、相手と押し合いをします。相手には足を前後に開いてもらって、大きな前方力を生み出せる万全の体勢をとってもらいます。この状態で押し勝つのは容易でないでしょう。

次に、足を逆八の字にして、外旋させるように働かせます。足裏接地面で力をかけるのは、踵と親指、つまり内側のラインです。

そうでした。序章で少しご紹介したように、この〝外旋〟こそが股関節を繋げる操作なのです。

今度はさっきよりも大きな力を相手に向けて生み出すことができるでしょう。これが全身が繋がっている、という事なのです。

こちらの力に耐えようとする相手の力が自分のどこにかかってきているのか、よく観察してみて下さい。〝外旋〟の方では、うまく全身を繋げられている人は、踵にかかってきているのを感じるはずです。相手の力を手だけではなく、足までもを使って受け止めている訳です。だから、簡単には体勢を崩されずもちこたえられ、押し返せるのです。

一方、先にやった、足を平行にして立つやり方の方はどうでしょうか。

上半身と下半身が繋がっていないので、相手の力は自分の上半身だけにかかってきます。相手の力を上半身だけで受け止めようとしている格好です。逆にこちらが相手に伝えようとしている力は、上半身だけで作り出した力、ということになります。

腕力比べではありませんので、こちらは力まないようにして下さい。実は、力んでしまうと全身は繋がりません。全身を繋げるには、できる限りよけいな筋緊張を生じさせない事がポイントなのです。

練習2　「くねり打ち」でエマす操作に挑戦してみよう！

全身が繋がる感覚をつかんだら、今度はその状態で自ら力を出してみましょう。手の力だけでなく、足からの力をすべて手に集中させるやり方です。これができると、自分が予想するよりもはるかに大きな力を発揮することができます。

ここでは、実際に「くねり打ち」をやってみましょう。エマす操作によって全身を繋げる事が目的ですが、当然、柳生新陰流の極意ですから、先に述べたように、そう簡単

練習2　「くねり打ち」でエマす操作に挑戦してみよう！

中段に構えた状態から（1）、わずかに振り上げた後（2　両手は肩の高さ以上には振り上げない）、真下に斬り下ろす（3）。この瞬間、仙骨を意識してそこへ〝集中〟させるように。袋竹刀や、それに類する、当たっても差し支えないものを使って斬撃力の違いを確かめながら行なってみると良い。全身を上手く繋ぐことができれば斬撃力が変わってくる。膝を開いたり腰を落とす、など表面的な形にはあまりとらわれないように。膝が柔らかければ、結果として似た形になってくる。

にできるものではありません。なんとなくでも、感覚的な方向性をつかみましょう。それだけで十分です。

太刀先を少し右へ向けた青岸（中段）に構えます。相手が左拳を打ってきたと想定して、左拳を右手の肘の方向にずらします。右肘は少し上がり、太刀先は相手の拳の上に水平に動きます。この時、両手は肩の高さ以上には上げません。ほとんど〝手元〟の操作だけのような感じです。

相手の打ちを抜くと同時に真下に斬り下ろします。この瞬間にエマす操作を行ないます。仙骨を意識して、そこへ〝集中〟させる感覚です。「膝を開く」というよりは、大腿

Column

古流武術は不親切？

みなさんは、古流武術の「伝書」というものを見たことはありますか？

流儀ですから、技が失われないように、また、技が変わってしまわないように、正確に後代に伝える必要があります。そのために「伝書」は各流儀に必ずと言っていいほど、それぞれに存在します。

下の写真は、春風館に伝わる伝書（疋田豊五郎（1500年代末から1600年代はじめにかけて活躍した武芸者）が慶長十年に発給した自筆書と伝わる）の一部です。

「逆風」というのは第1章でもご紹介した勢法（型）の名前です。この絵以下、動作を示す図が続くのだろうとお思いでしょうが、なんと、この1枚だけなのです。

これだけじゃ何もわからないじゃないか、と思うでしょうね。確かに動作の〝形《かたち》〟をここから再現しようとするならば、いかにも不親切に感じます。

しかし、武術の伝書というものは、得てしてこういうものなのです。

それは、武術で大切にしているもの、すなわち、伝えなければならないと考えているものが、見かけ上の〝形〟ではないからなのです。

戦国期から江戸期にかけて生まれた武術流派の技が、現在にまで受け継がれている、それは、伝書に記された動作説明が正確だからではありません。人から人へ、その感覚的な部分がきちんと伝えられ続けてきたからなのです。

先にあげた「エマす」という操作、…何とも説明のしようもない動作でした。しかしこれを「膝をやや開き、腰を少し落とすようにして…」などと無理に説明しようとすれば、後代からは「膝をやや開いて腰を少し落とせばよい動作」として伝わってしまいます。これでは技の本質は失われてしまいます。

古の武士たちは、技の本質をこそ伝えようとしました。だから、「伝書」にはできるだけ余計なことは記さず、〝覚え書き〟のような意味合いの媒体として用いることにしたのです。

よくドラマなどで、伝書を盗むことによって〝技〟を盗む、などという話がありますが、実際にはそんなことはなかったでしょう。伝書に書かれているのは、この程度なんですから、弱い者がこれを読んで突然強くなる、などということは起こりません。

しかし…、です。この伝書というシロモノ、実はただの〝覚え書き〟ではありません。

誰でもわかるわけではないが、読むべき者が読めばとんでもなく深いものが汲み取れる、そんな側面もあるのです。

この本を読み終えた後で、もう一度下の伝書に目を向けてみて下さい。何か違うものが、見えてくるかもしれませんよ。

骨を骨盤に突き刺すごとく凝縮させるような感じです。「腰を落とす」意識もあまり持たないで関節を働かせますが曲げないで下さい。腰が落ちたり、膝が開いたり曲がったりするのはあくまで全身を繋ぐ操作の結果として現れる形です。膝や股関節に無駄な力が入っていなければ、自然にそうなるのです。相手が木刀に強い斬撃力を感じたら成功です。

3「つま先を軽ろくして少し両へひらきて懸かるなり」

幕末明治の草履を履いた袴姿の人たちの写真を見ると、みな一様につま先が外を向いて歩いています。

先日、藤沢の遊行寺で国宝の『一遍上人絵伝』が展示されました。江戸初期の作品で町民や農民、武士などが多く描かれていますが、ほとんどの人はつま先を外に向け踵を付けて歩いていました。

戦国絵巻の戦ってる武士をみると皆、足先は外を向いています。股関節を外旋状態にしているわけで、これが人間にとって身体が前に進みやすい最も自然な姿です。ところが、西洋から洋服や靴などの文化が入ってくると、しだいに足先を真直ぐに向けたり、膝を揃えたりするようになりました。そのため膝が内側を向き、足を出す時つま先がブレーキとなり、余分な筋力を必要とします。

剣道で進退だけでなく飛び込むときもつま先を前にしていますが、つま先を付けるとブレーキが懸かり、それでも飛び込むには大きな筋力を必要とし、強い着地によってアキレス腱や膝を痛める原因となっています。

長く歩く場合の一般的な履物であった草履は先から指先が出ています。指先で地面を噛むようにするため、足の裏全体で地面をとらえる感覚が生まれ、足を安定させるのに有効になってくるという説がありますが、実際はつま先を上げて履きます。つま先が上がることでつま先を軽くして、少し両方に開くのはつま先に力が行かず踵重心がずっと維持できるためなのです。

踵で踏ん張ったり、つま先で地面をつかむようにする必要はありません。身体の重さである重力の反作用（地面反力）が自然に働き、身体に大きな力を与えます。

それが武蔵が『兵道鏡』に記した「つま先を軽くして少し両へひらきてかかるなり」の意味なのです。柳生新陰流でもつま先を上げます。神戸金七先生は『柳生の芸能』でつま先を上げたイラストを掲げています。

加藤館長は歩く時、つま先を開いて歩きます。神戸先生

神戸金七師（春風館前館長：写真左）と加藤館長。両者とも自然につま先が外に向いている。昔の絵巻物などに描かれた武将の絵も、このようにつま先を外に向けている姿が多くみられるが、おそらく実際にそういう状態でいることが多かったのだろう。

も開いて歩いていたそうです。

加藤館長によると、神戸先生は足を開くのは身体を安定させるためで、真直ぐにすると安定しない、また踵を踏んで歩くには開いていなければ歩けないとおっしゃったそうです。

また加藤館長は、剣道は剣を前に押し出して遣うので足も真直ぐになるが、古流は剣を引くので踵を踏んで足を開かなければ遣えない、それは試し斬りをしてみればよくわかる。剣道の足では物は斬れない、と言われました。槍を遣うにも足を外に開かないと前に突き出すことも相手の槍を捌くこともできません。

さらに加藤館長のお尻には立派な肉がついています。それについて尋ねると、神戸先生も若い頃はお尻に肉がついていたそうです。神戸先生は、剣は足腰で遣う、それにはお尻に肉がついていないと身体が安定しない。つま先を上げて外に開き踵を踏んで歩くと自然にお尻に肉が付くと言われたそうです。

私の稽古会にロシアのバレエ団に所属している日本人の男のバレエダンサーが休暇ごとに来ていますが、団員はみんな普段でもつま先を大きく開いて歩いていると言っていました。そういえば、日本の代表的なバレエダンサー熊川

練習3　つま先を軽く、少し開いて歩く

股関節をやや外旋させるよう意識すると、つま先が自然に外を向く。その状態のまま、重心が踵の前側、脛骨の下あたりにくるようにして歩くと自然に全身が繋がり、常に安定が維持される感覚が得られる。

哲也もスーツを着て足を90度ほど開いて歩いていました。仙骨が締まり背骨が真直ぐに立ち、体幹をしっかりさせるには自然にそうなるのでしょう。

練習3　つま先を軽く、少し開いて歩く

武術の歩き方ではありますが、もちろん普段からこのようにしていて良い、というものです。

股関節を外旋ぎみに、つま先を少し開くようにして足を運びます。体重を小指側にかけるとガニ股歩きになってしまいますので、踵の前側、脛骨の下あたりに重心がくるようにします。これだけで全身が自然に繋がる感じ、安定した感覚を得られると思います。

4 「膝を少し折りて踵を強く踏み」

江戸時代、長旅は船旅以外は馬に乗る場合もありましたが、ほとんど歩きでした。江戸時代の人々はどう歩いたのでしょうか。

元禄時代、松尾芭蕉は六百里・２４００キロメートル、１５０日の『奥の細道』の旅をしています。

芭蕉は旅を終えて半年あまり後、琵琶湖のほとりの幻住庵で奥の細道の旅を回顧して次のように書いています。

奥州象潟の暑き日に面をこがし、高砂子歩み苦しき（深い砂地で歩きにくい）北海の荒磯にきびす（踵）を破りて、今歳湖水の波に漂う（琵琶湖のほとりに漂着した）

踵が割れるほど歩いたのです。武士はどうだったのでしょう。平山蘆江『日本の芸談』（昭和17年）に次のようにあります。

腰のすわりのよい事も日本人独特の身がまえで、腰がふらついては芸ごとばかりでなく、身体でする日本本来の動きは一切できなくなる。・・・・そうでなくとも只さえ強い日本人の腰には近世まで両刀が横たわっていた。あれ程重いものを始終腰に横たえているために自然足どりにも踵にも力が入り・・・

やはり武士も踵を踏んで歩いていたのです。これが地球の重力に逆らわない・体重を利用できる・疲れない歩き方です。つま先立ちでは筋肉が過緊張して長くは歩けません。それでは戦うときはどういう足運びをしたのでしょう。

『兵道鏡』は前項に記したように「腰を据えて、膝を少

し折りて、踵（きびす）を強く踏み、つま先を軽ろくして、少し両へ開きて懸かるなり」と、『五輪書』では第五条「足づかいの事」で「足のはこびようの事、つまさきを少し浮けて、きびすをつよく踏むべし」と記しています。

踵を強く踏みということは踵でドンと蹴ることではありません。踵を踏んで体重を踵にあずけることです。重心が下に懸かるのであまり足を上げずすり足で歩きます。自然と二軸歩行になります。こうして歩けば裾をはじめ襟元など着物の着付けが乱れません。日本人は元々こうした歩き方をしていたと思われます。

明治になってヨーロッパの軍隊の足を上げて整然と歩く歩き方が入ってきました。古代ギリシャやローマの絵画を見ますと、ヨーロッパ人は昔からつま先立って足を上げて筋力で走っていたようですが、歩き方もその影響を受けたようです。

日本でも明治20年代、兵式体操が導入され小学校教育を通じて全国津々浦々に広まった結果、膝を伸ばしつま先を真直ぐ前に向け、姿勢の美しさを強調するためには一軸で歩く歩き方が普及してしまいました。一軸歩行は身体を捩じることになり、重力に反発し筋力を遣うので余分な体力を必要とします。

最近では走る場合も腿を上げないで滑るように走る選手もあらわれて良い成績を上げているようです。その代表がカール・ルイスの箒で掃くような「スイープ走法」です。

古武術では昔からの日本人の身体遣いが比較的に守られています。厳周伝柳生新陰流は踵を踏む歩き方を徹底して守ります。

神戸金七先生は「この流儀は踵が上がったら絶対駄目だ。踵が上がらない稽古をしなさい」、また加藤館長は「退がる時も出るときも踵を上げないように、特に切りこむときは踵から出る。切りこむときにつま先から出てから踵から出ては絶対遅い。どんなときも踵から出る」と常に指導されています。

その場合に重要なことは膝をわずかに緩めることです。膝を立てたまますり足で歩くと、足を棒のようにして操り人形のような歩きになってしまいます。私はそれをピノキオ歩きと言って門人たちに注意をうながします。

踵を踏んで歩くには踵からくる衝撃を足首の関節の次に膝を緩め膝関節をバネとして使うことで吸収します。さらに股関節、仙腸関節と背骨に伝わるまでに様々のクッションで脳への衝撃を最小にしていきます。しかしやはり第一の関門は膝関節となります。

膝関節の構造（左足を前から見たところ）

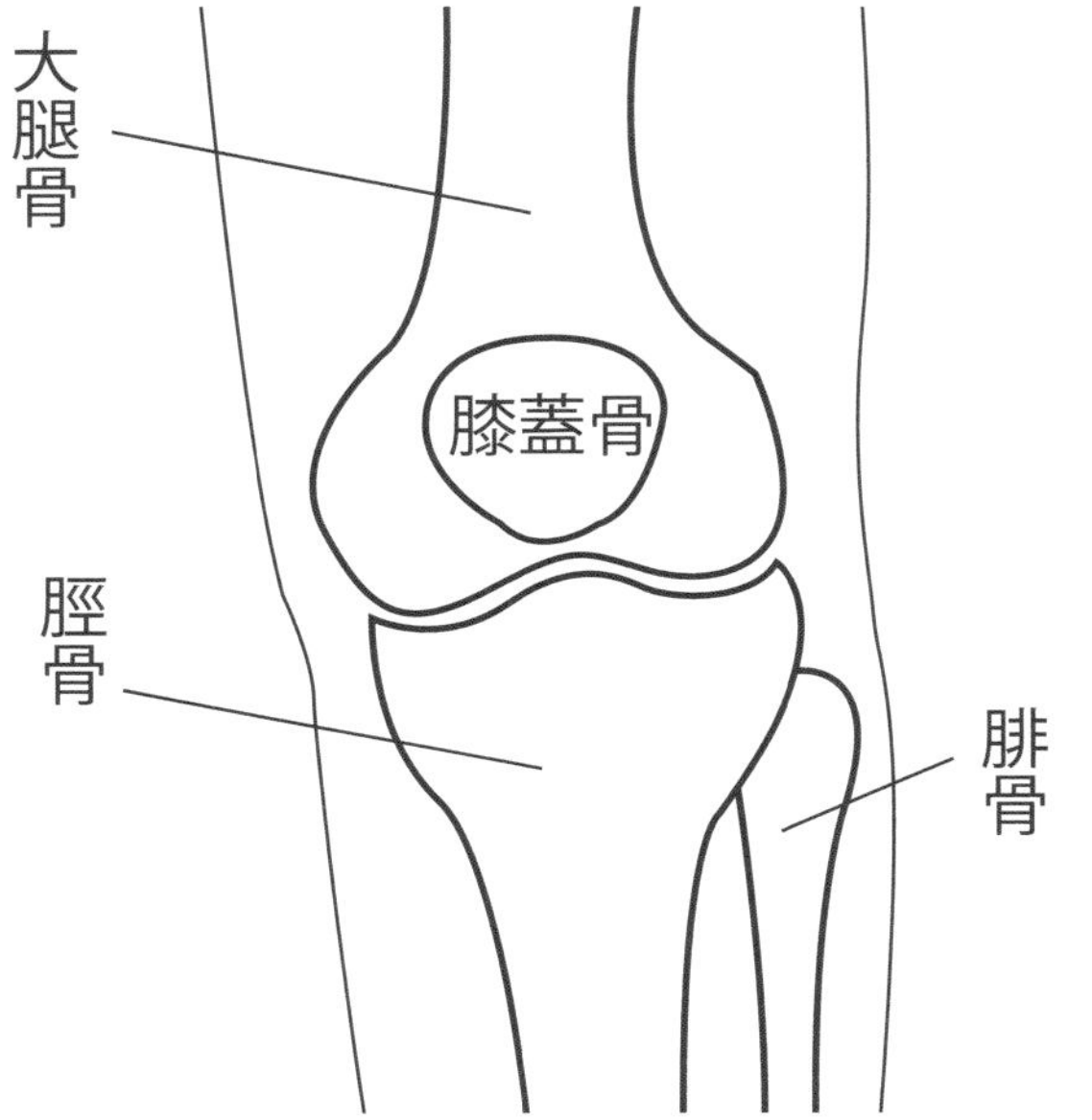

膝関節

膝関節は蝶番《ちょうつがい》関節と呼ばれています。脛骨の上を大腿骨がドアの蝶番のように動くようになっています。したがって膝はバネのように緩めて遣うのが本来の働きです。しかし現代人は膝を伸ばして歩いたり跳んだりしています。剣道や居合で最も痛めやすいのはアキレス腱と膝関節です。飛び込んで打つことで膝に大きな負担がかかります。古流武術は膝を緩めて使います。

膝を支えている代表的な筋肉は、太もも側に大腿四頭筋、後ろ側のハムストリングなどで、仙骨を締め踵をつけてすり足で歩く歩き方はこの筋肉を絶えず鍛えていることになります。

膝は筋肉だけでなく靭帯によっても守られています。膝の周りはコラーゲン線維を束ねた帯状の組織である４つの靭帯によって包まれています。

しかし靭帯は伸び縮みには強いが捻りには弱く、また一旦痛めると筋肉と違って直りにくいという性質があります。剣道で踏み込んで着地に失敗したり、山道を歩きながら石を踏んで膝を捻ると靭帯を痛めます。骨と骨の間のクッションの役割をする軟骨も靭帯と同じように治りにくいです。さらに膝には大腿骨がブレないようにくぼみが付いた半月板もあります。

　小さい膝がこれだけの器官によって守られているということは膝の重要性と共に、ダメージを受けやすく傷ついたら治りにくいということを示しています。膝の痛みの原因は、膝を通る神経の出どころである腰椎、仙骨がズレて伝達異常を起こしている場合もあります。

　人類にとって二本足で歩くということの意義は前に記しました。膝にダメージを与えないために第一に重要なことはドンと着地しないことです。剣道のみならず最近では古流剣術でも飛び込む場合が見られますが、古来からの日本人の知恵に学ぶべきでしょう。高齢化社会の中でスポーツも30歳になったら引退ではなく生涯スポーツを目指す時代になっています。

　着地の衝撃や体重の負荷は膝関節と脚の付け根の股関節で吸収します。股関節は脚の動きだけでなく仙腸関節や背骨と連動して姿勢の維持や運動全般に関わっています。脚と骨盤を繋いでいる股関節と上半身と下半身の骨を結び付けている仙腸関節が固まっていると身体全体が一つの塊のようになり、上半身の体重が直接下半身に掛かり、下半身の足の動きが重い動きになってしまいます。

　またその癒着は腰痛の原因ともなります。前後運動だけを重視する剣道家に歳と共に固まってくる場合が多くみられます。やはり前後だけでなく左右の動きも取り入れる必要があります。縦横な動きによって仙腸関節の癒着がなくなると、下半身は上半身の重みから解放されて軽快なフットワークが可能になるのです。

　柳生新陰流では帆かけ舟が波の上をスラスラ走るように歩く歩き方を「風帆《ふうはん》の位」とよんで重視しています。

練習4　踵を踏み、帆かけ舟が走るように歩く

　前項の練習3「つま先を軽く、少し開いて歩く」の延長線上で行ないます。練習3の歩きからさらに踵重心を意識しますが、ドンと踏みつけるのでなく、足を上げる高さも低めにしてほぼすり足で、できるかぎり柔らかく着地するよう心がけます。はじめは前後の動きを繰り返し、なれてきたら左右の動きも行ないます。膝を柔らかく使って、上下動少なく、滑るように動きます。

　これが疲れず、すばやく、全身が繋がって、いつでも瞬間的に大きな力を出すことができる歩きです。歩きが身に付いてきたら、木刀の素振りを併用してみましょう。

　思い思いの瞬間に、木刀を振ってみて下さい。その際、

練習4　踵を踏み、帆かけ舟が走るように歩く

「練習3」と同じく重心が踵の前側にくるように意識し、膝を柔らかく使って上下動が少なくなるように前後に歩く。股関節、膝、足首がすべて柔らかく連動するようになると、帆かけ舟のようになめらかな移動ができるようになってくる。

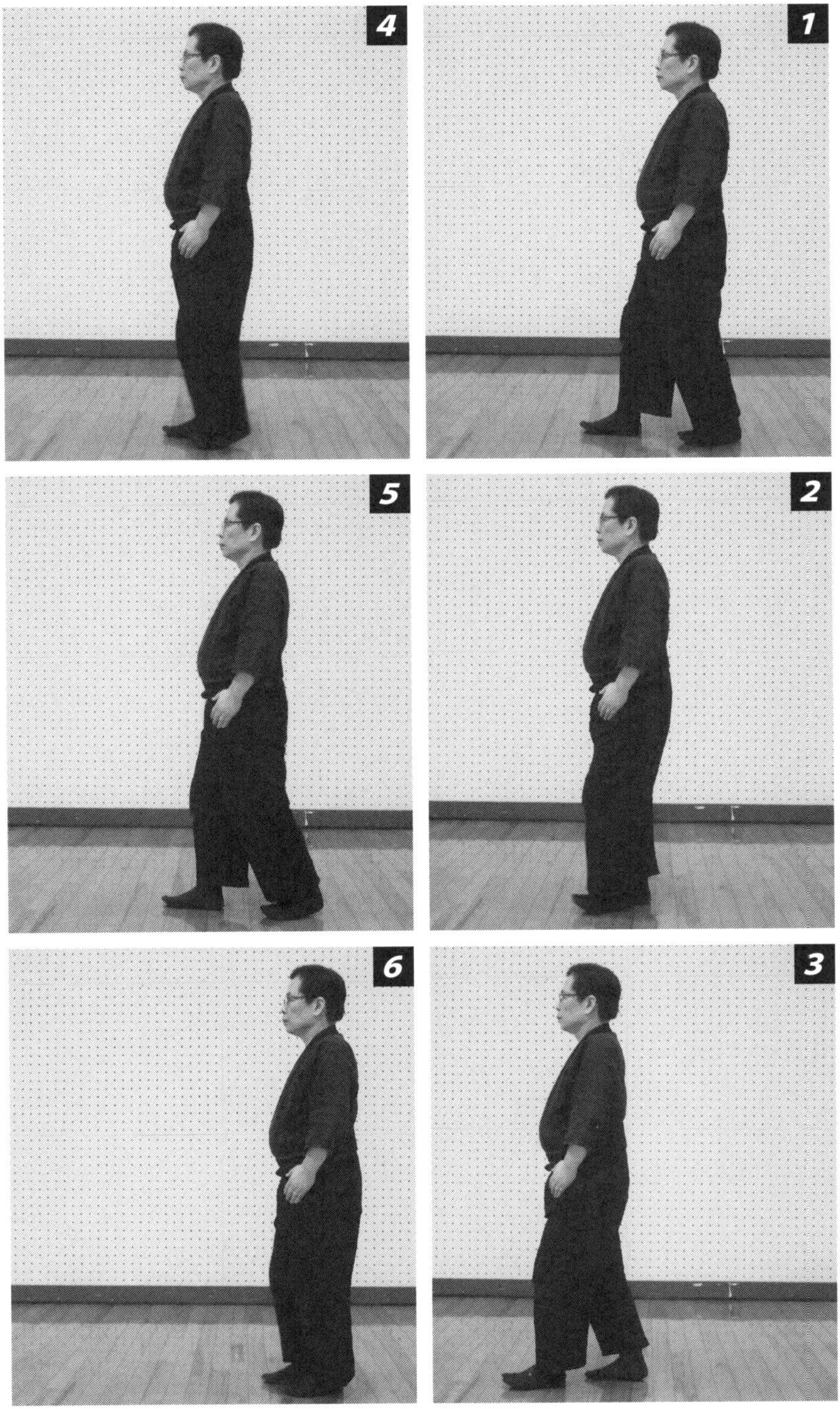

練習4　踵を踏み、帆かけ舟が走るように歩く（続き）

前後の移動に馴れてきたら左右への移動を行なう。「反復横跳び」のようなメリハリのきいた動きよりも、節目のない滑らかな動きを目指す。武術で目指しているのは、隙がなく常に力を発揮できる状態が維持される、後者の動きだ。

練習4　踵を踏み、帆かけ舟が走るように歩く（続き）

実戦では、刀は移動の中で振らねばならないものだが、その移動の中のどの瞬間にでも瞬時に力を発揮するために適した歩法が「踵を踏み、帆かけ舟が走るように歩く」こと。

ここでは、歩み足の中で木刀振りを併用して行なってみる。振り上げる時、腰が少し前にグイと出ること。腕が先に出ずに剣先から振り下ろす。

思い思いの瞬間に振り下ろし、力を発揮することができるか？　その瞬間には、仙骨への〝集中〟を意識し、股関節は外旋、足は親指〜踵側を意識して手は小指を締めること。

1

2

3

仙骨を意識してそこへ〝集中〟させるように股関節を外旋させ、足は踵～親指側を意識し、手は小指を締めます。

　踵から起き上がってくるような力が切っ先に集中するのを感じませんか？

　この感覚があるのなら、あなたの身体はだいぶ〝繋がる〟ようになってきており、即応力、瞬発性、などといろいろな意味で理想的な身体性を発揮しつつあります。

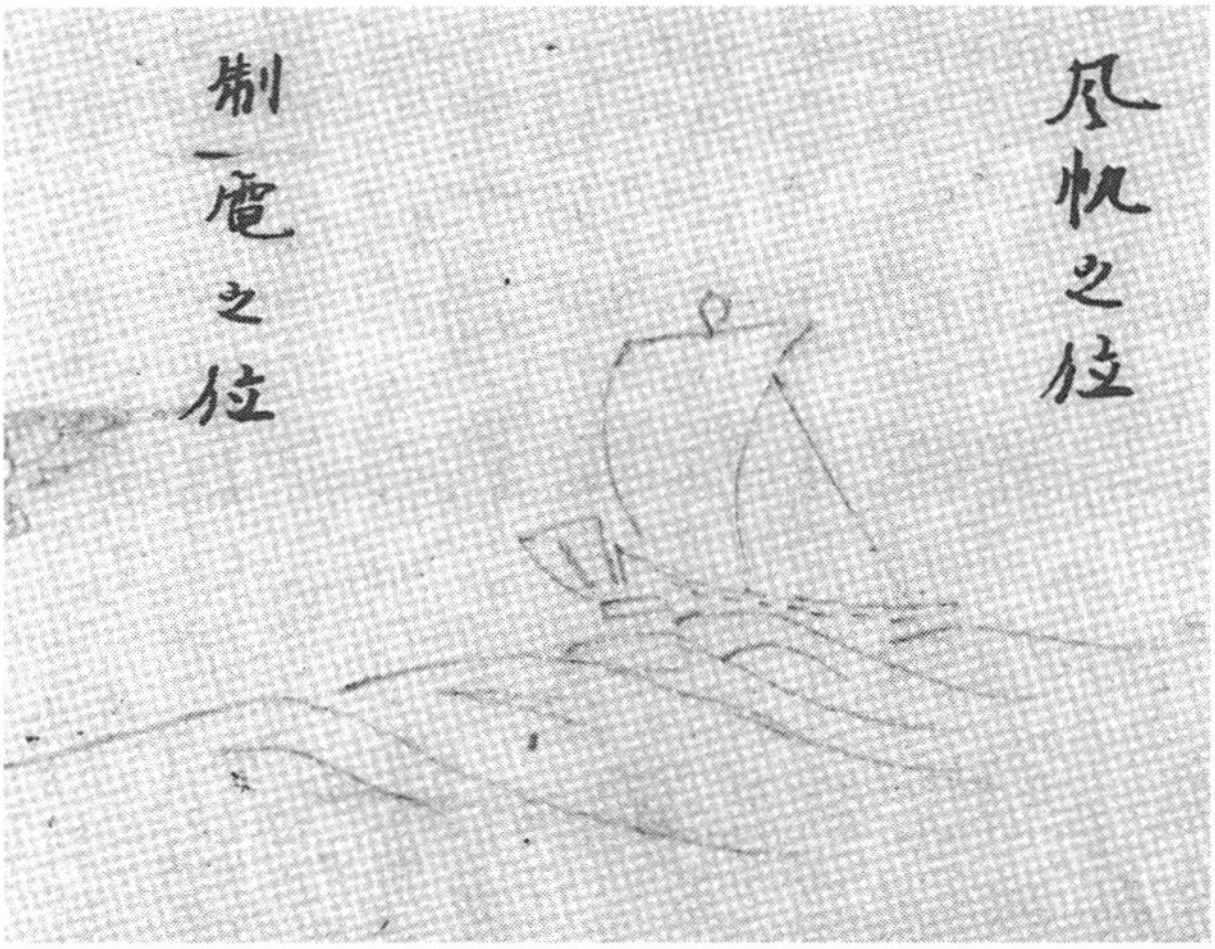

柳生新陰流の教伝書『刀法録』に記されている“風帆の位”を示す挿絵

　日本固有の身体文化の特徴は膝文化と呼んでいいほど膝は重要です。日本人は農耕民族として草取りや田植え、稲刈りなど中腰になることが多く、また食事や労働の多くは座って行なっていました。歩くのも膝を少し折り、膝のバネを使って歩いていました。能などの芸能や武術も膝を使っていました。しかしヨーロッパの身体文化が広まった結果、膝を真直ぐに立てることで膝のバネの力を失い、重力を利用した膝のバネの力ではなく、筋肉を力の源として使うようになりました。それでは筋肉量を保証する身体の大きさが必要となり、ヨーロッパ人には劣ることになります。日本の膝文化を見直したいものです。

5 瞬時の移動、瞬時の変化

あなたは帆かけ舟のように歩けるようになりましたか？

上手にできる人の歩きは、本当に帆かけ舟が水面をスーッと滑るように見えます。

〝スーッと滑るような歩き〟、その意味するところは、上体の安定です。常に真直ぐに上体を維持したまま移動する、勢法「燕飛」における、縦横無尽に移動する動き。帆かけ舟のごとく水面上を滑るように動くことによって、素早く、かつ、そのどの瞬間にも瞬時に発力できる状態が維持されている。闘技のみならず各種スポーツにも応用可能な操法だ。

これが武術の求めた動きでした。

それは、一瞬たりとも気の抜けない、闘いの世界ゆえです。どんな一瞬でも、相手の動きには対応しなければならないし、攻め込むべきときにはその一瞬をとらえて力を発揮できなければなりません。

〝真直ぐ〟が身体能力を発揮する上で理想の姿勢であることは第3章で触れました。でも、歩く過程過程でいちいちその〝真直ぐ〟がゆらいでしまうのでは、またすぐ〝真直ぐ〟に立て直すから、などと言っても敵は待ってくれません。「風帆の位」とは、常に、一瞬たりとも隙のないように理想の身体状態を維持しながら動く、その結果の歩法なのです。

ボクシングに見られるようなピョンピョンと飛び跳ねるようなフットワークもいいですが、空中にいる瞬間は変化できません。その一瞬の隙すらなくそうとしたのが日本の古流武術です。剣道のつま先立ちによる足運びも結局は飛び込んで打つ拍子を取っていることになり、古武術の極意である「無拍子の打ち」はできません。

歩いても上体がゆらがなければ、それが「風帆の位」です。そのために膝のバネが重要であることは前項でお話ししました。股関節の可動性も重要です。足首の柔らかさも必要になってきます。

しかし、それだけでなく、多くの人が軽視している、重要なポイントが一つあるのです。

それが、第4章でご紹介した、仙腸関節の可動性なのです。

仙腸関節は、骨盤（腸骨）と背骨との関係性を司る関節です。ここが固まっていると、骨盤の動きにつれ上体が動かされてしまうことになります。ここまで求めてきた「全身を繋げる」ことと似ているようで、まったく違う話なのです。

古流武術の歩法、身のこなしが体得できると、瞬時の移動、瞬時の変化、瞬時の発力がいつでもできるようになります。100メートル走をやれと言われたら、サムライは現代の陸上競技選手にかなわないでしょう。でも、敵の刃をかわせるほどの距離でよいのなら、おそらくサムライは史上最速でしょう。この特性は、「何が起こるかわからない」世界ほど、実力を発揮します。日常生活も、ある意味そうかもしれませんね。

でも、現代スポーツにだって、活かせるものがたくさんありそうです。バスケット・ボール、卓球、サッカー……、よく考えてみれば、俊敏さが功を奏さないスポーツの方が、少ない気がしますね。

練習5　何があっても上体の安定を保つ歩き

帆かけ舟のように歩けているつもりでも、それがただの「つもり」にすぎないこともよくあります。そこで、目安として頭に本をのせて歩いてみましょう。落とさずに歩けるでしょうか？

膝関節、股関節、そして足首を力まず、柔らかく使うよう心がけて下さい。どうしても本を落としてしまう、すなわち、自分が思っている以上に下半身の動きが上体をブレさせてしまう、という現象は、たいがいそのどれかが力んで固まってしまっている事が原因です。

安定してきたら、今度は起伏のある場所を歩いてみます。坂道や、危険のない範囲で障害物を置いてみたりします。

段差などは、普通に昇る分には簡単かもしれませんが、本を落とすに十分なブレがだいたい生じてしまうものです。この時、あなたの身体は〝想定外〟の動きをさせられているのです。

この〝想定外〟の動きの中でも、だんだん上体の安定が維持できるようになってきます。それは、今まであなたが意識してこなかった〝仙腸関節〟のような身体の内部が動き始めてきた証拠です。

練習6　歩き居合

移動しても上体がゆらがないようになってきたら、歩きの中で、瞬間的に変化したり、瞬間的に力を出すことをやってみましょう。

木刀（棒などでも可）を腰に携え、居合抜きを行います。これを、歩く中で行うのです。

居合抜きとは、抜くと同時に斬っている、そういう動作のことです。抜いて～振りかぶって～斬りつける、ような動きでは間に合いません。

刀を振っている暇はないのです。ですから、抜くと同時に、力を切っ先に集中させるのです。

これは、これまでやってきたことの総ざらいになります。腕の力だけで頑張ろうとしても駄目ですよ。力は踵から起こしましょう。踵を着けた歩き方なら大丈夫。いつでも瞬時に力を起こすことができます。

膝をやわらかくして、仙骨に意識を集中させるような意識で〝外旋〟を起こしましょう。そう、「エマす」ですね。

全身からの力が切っ先に集中するのを感じられましたか？

練習5　何があっても上体の安定を保つ歩き

上体にブレが生じていないかの目安として、頭に本を乗せて歩いてみる。最低限、足首、膝、股関節が柔らかく使えていないと難しいが、熟練してくるとこの3ヶ所のみならずもっと数多くの部位がやわらかく連動して安定を維持していることが実感されてくる。障害物を越えるなど、難易度の高い動きをクリアできるようになってきたら、これまでは動かずともなんとかなっていた〝仙腸関節〟さえもが動き始めている。

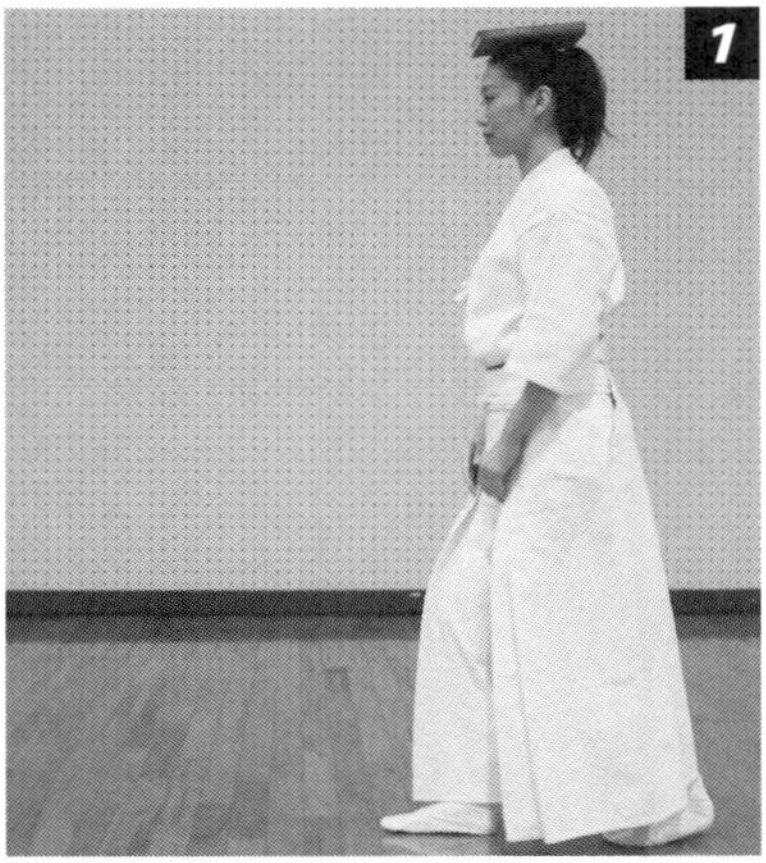

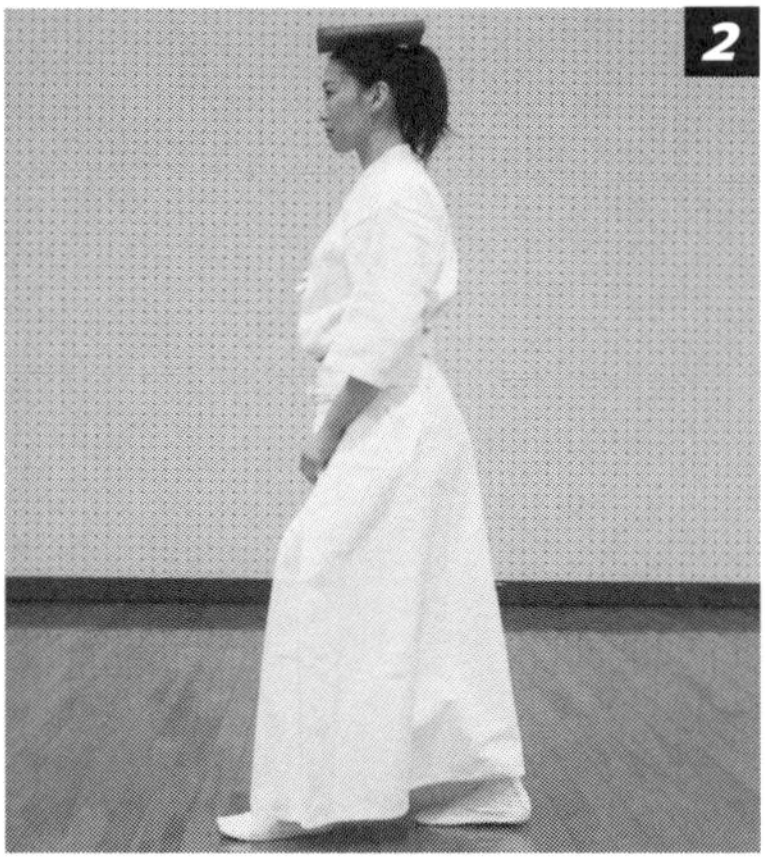

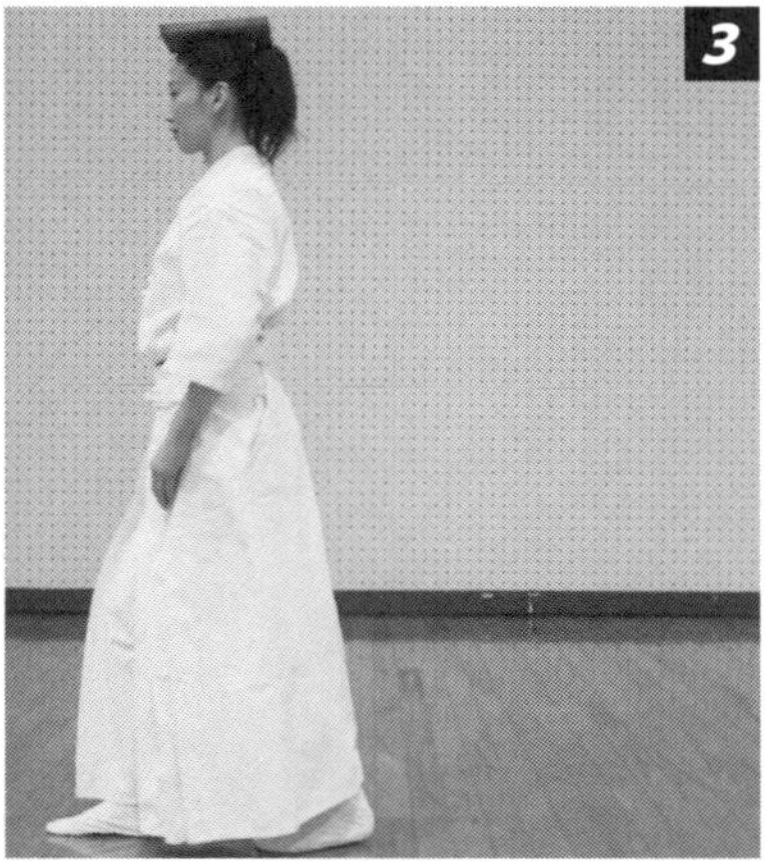

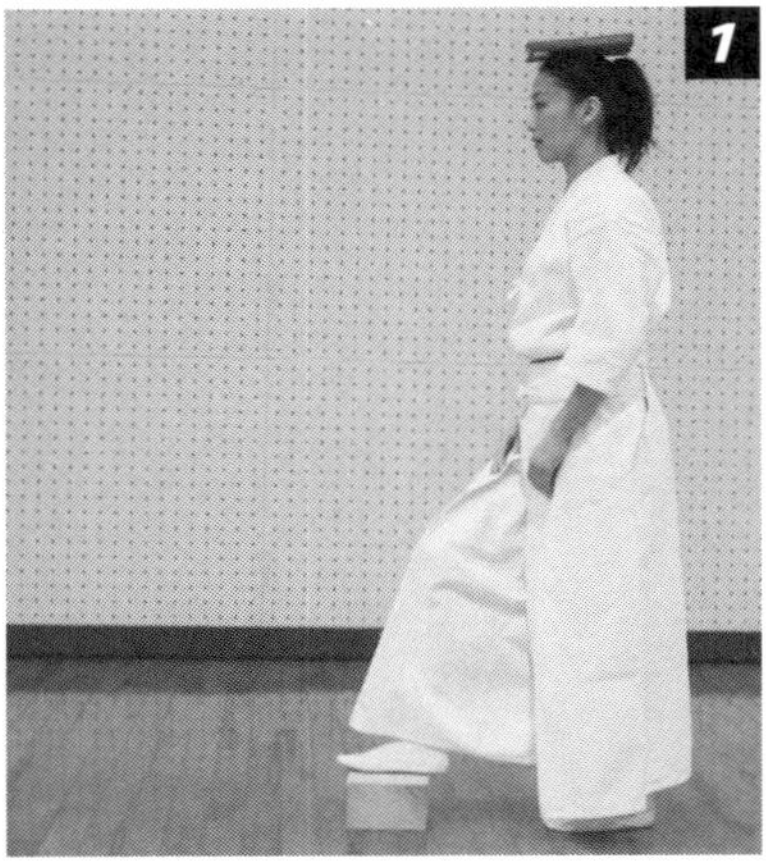

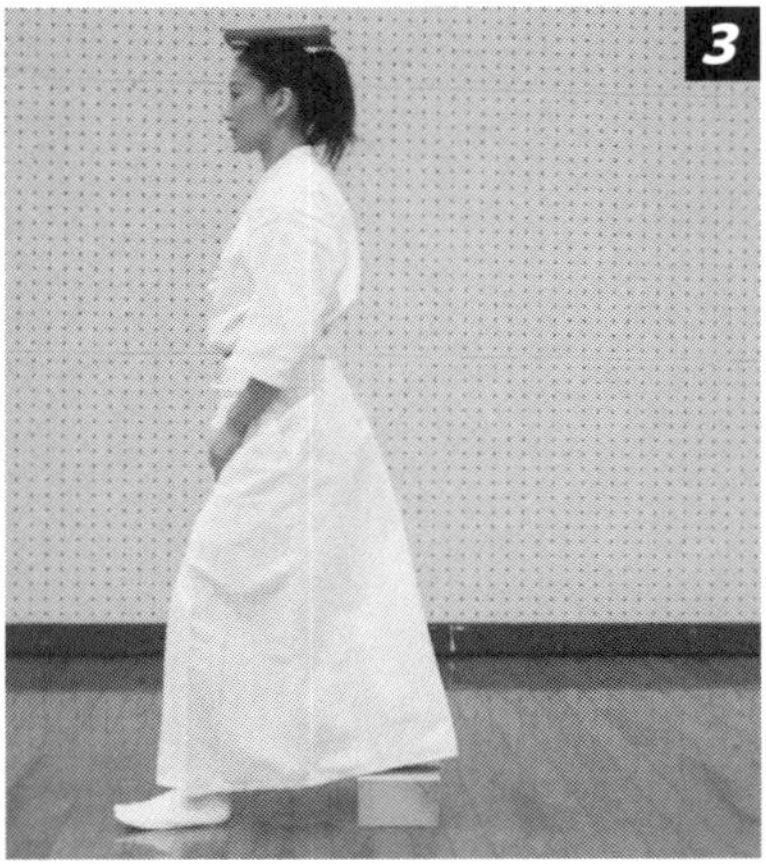

練習6　歩き居合（柳生新陰流抜刀勢法）

「居合抜き」とは〝刀を抜いた瞬間に斬る〟ということ。よって、「抜いて、バックスイングをとって〜」などとやっている暇はなく、即座に力が発揮できなければならない。写真は歩いている中で瞬間的に「居合抜き」を行なう稽古。常に〝踵重心〟を意識した歩きならば、いつでも瞬間的に全身の力を発動することができる。

できれば、自分の好きなタイミングでなく、誰かに合図を出してもらって、その瞬間に抜き付ける、という風にやってみましょう。よい練習になります。

6 「腹をいだし、尻をいださず」—腹と丹田

普通は胸を張るように出し腹はひっこめるのが正しい姿勢のように思われがちです。しかし胸を張ると肩甲骨にロックがかかり、肩の動きが制限されてしまいます。

腹を出すという事は腹が膨らんで前に出る事ではありません。普通に腹を前に出すと腰が反り尻が後ろに出てしまいます。では尻が出ないで腹を出すとはどういうことなのでしょう。

これについては『五輪書』に適切な説明があります。「腰のかがまざるように腹をはり」とあります。腰が前に屈んだり後ろに反ったりしないようにと、腰との関係で論じています。その方法について続いて、次のように説明しています。

くさびをしむると言いて、脇差のさやに腹をもたせて、帯のくつろがざるように、くさびをしむるというおしえあり。

そうじて兵法の身において、常の身を兵法の身とし、兵法の身をつねの身とする事肝要なり。

帯を腸骨の上に締め脇差を差しその帯が弛まないように脇差の鞘に腹の力を入れよというのです。表層筋である腹筋はゆるんでいることが必要です。腹直筋の下にあり腹の内部を包んでいる腹横筋にフッと力をいれます。すると大腰筋が働き下腹に力が入ります。横隔膜は背骨に付着しており、深い呼吸は背骨自体のエクササイズになっています。

腹横筋は背骨だけでなく骨盤を安定させる働きもしている、姿勢に重要な働きをする深層筋です。戦国時代末にすでに武蔵は体内の筋肉を体感していたことになります。腹横筋は呼吸でお腹を意識的に強く凹ますことで鍛えられます。

腹はどこでしょう。武術的には腹は丹田と言われ、日本の武術では特に重視する個所です。臍下三寸の所、臍と恥骨の真中、身体の厚みで言うと中心のやや前あたりです。

ここに力がこもると上半身の力が抜け、上虚下実の安定した身体になります。そこが身体の動きの中心にある人を腹が据わっている人といいます。

丹田は中心軸が正しく通っていれば仙骨二番の前で身体

腹横筋は腹直筋や斜腹筋などの下（深層）に、内臓を囲むように存在している。内臓をギュッと締めるように腹をへこませるときに稼働するのが腹横筋。

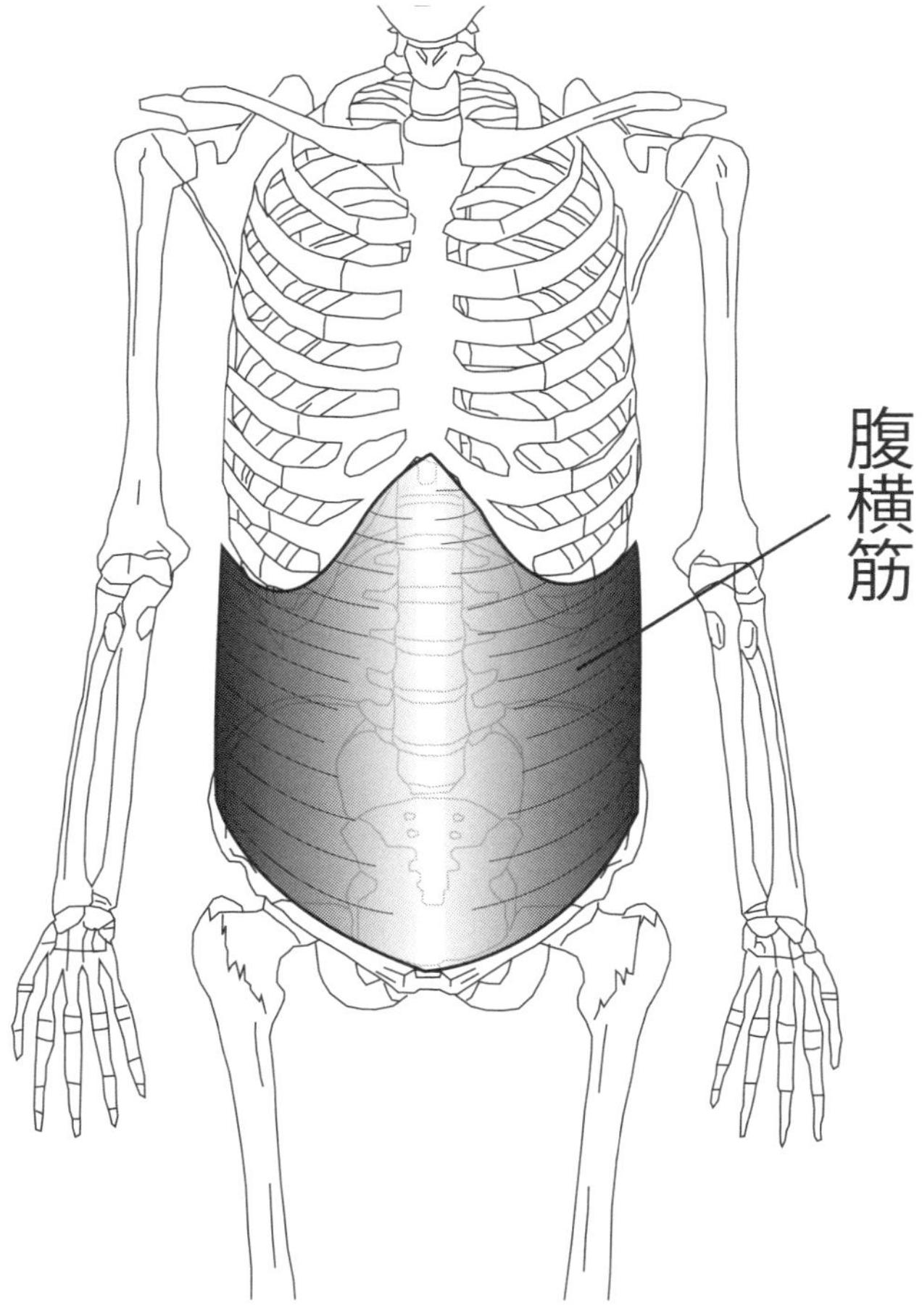

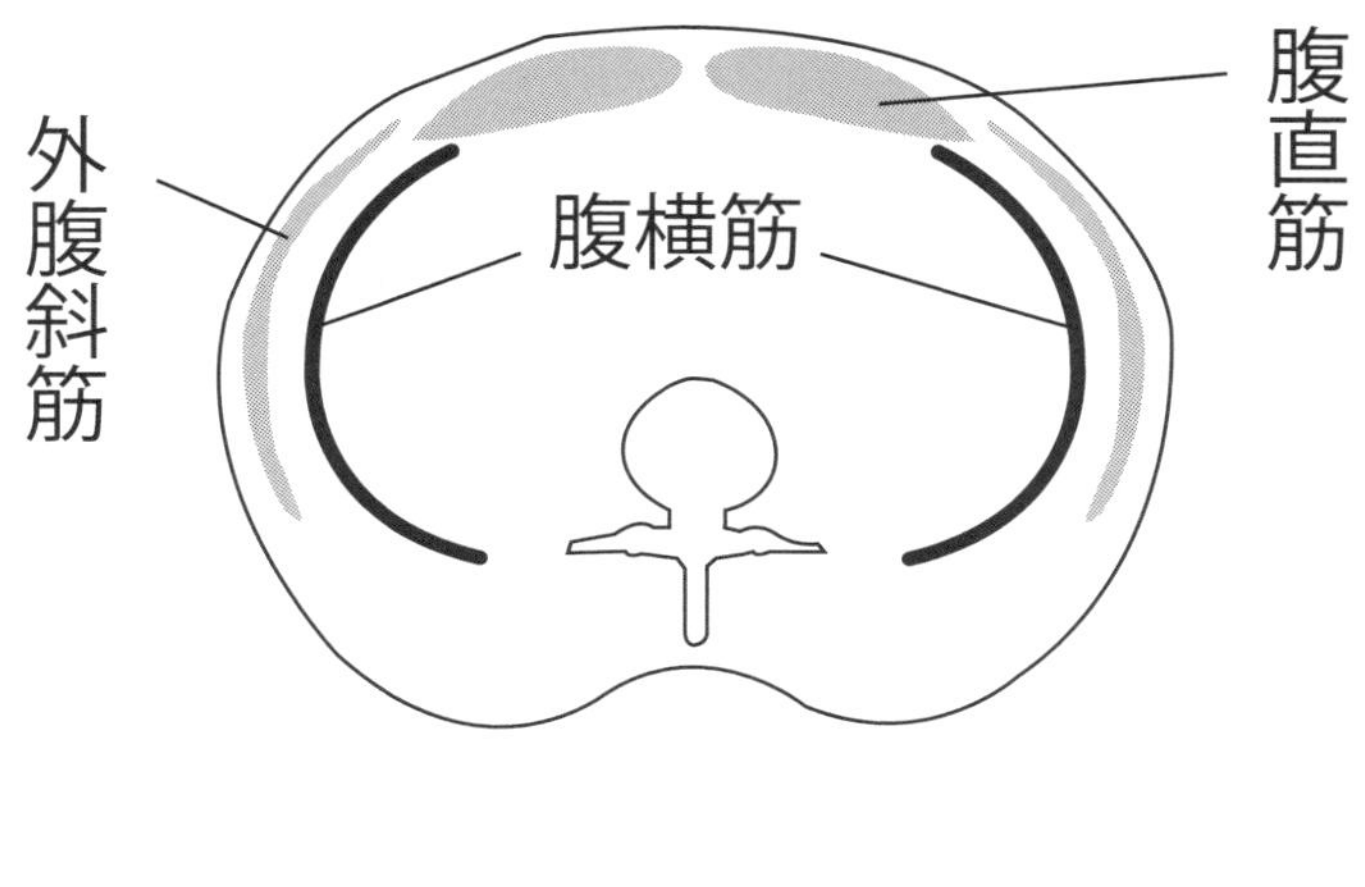

の重心があるところです。

江戸時代中期の1713年の貝原益軒『養生訓』に「臍下三寸を丹田と云う。・・・つねに腰を正しくすえ、真気を丹田におさめあつめ」とあります。この本は武芸論に呼吸法を導入する契機となったもので剣の極意の最終段階を身体の修養特に呼吸法にあると説いています。

しかし江戸時代中期までは丹田という語は一般的には使われていません。柳生新陰流では臍の周り三寸を神妙剣の座と呼んでいます。私は丹田をあまり意識しすぎると身体の居着きになり自由が失われると感じています。丹田に力が入るのは結果であって、私は丹田よりはむしろ仙骨に身体意識を向けた方が丹田を働かせることができると思っています。

「尻をいださず」について言えば、尻が出ているのは尻の筋肉が鍛えられていないためです。腹筋が強すぎるとたとえ大殿筋がついていても腹圧で仙骨を後ろに押すことになり仙骨の位置がズレてしまいます。尻については後で問題とします。次ページの呼吸法はドローインと呼んで腹横筋が活性化し、腰痛予防・改善の効果があります。

練習7 〝帯のくつろがざる〟腹遣い

武蔵が説いた「帯のくつろがざるように、くさびをしむる」という腹遣いを実践してみましょう。腹直筋はゆるめたまま、腹横筋にフッと力を入れることによって大腰筋が働き、丹田に力が入ります。

椅子に座り、鼻から息を吸って腹を膨らませたり凹ませたりします。仙骨に意識を集中させ、お尻の穴をキュッと締めます。この時、腹直筋でなく腹横筋に力が入っています。

7 「腰を据えて」—腰と仙骨

いよいよ腰の問題になりました。腰とはどこを指すのでしょう。『兵道鏡』では「腹をい出し、尻をい出さず、腰を据えて」と腹と尻との関連で述べています。武蔵の場合、腹は脇差を差す部分であり臍ではなく下腹を指しているので、その後ろには仙骨が位置しています。仙骨の両側が尻となっているので「尻をい出さず」というのは仙骨を締めた状態をいうのでしょう。

普通腰というと臍の後ろにある五本の腰椎の付近を言う

練習7 〝帯のくつろがざる〟腹遣い
椅子に座って腹に手を当て、肛門を締めつつ、鼻から息を吸って腹を膨らませ、口で細く息を吐いて凹ませる。これはドローインと呼ばれ、腹横筋が活性化し、腰痛予防・改善の効果がある。腹に当てた手を押すような意識で行なうが、この時に稼働しているのが腹横筋。

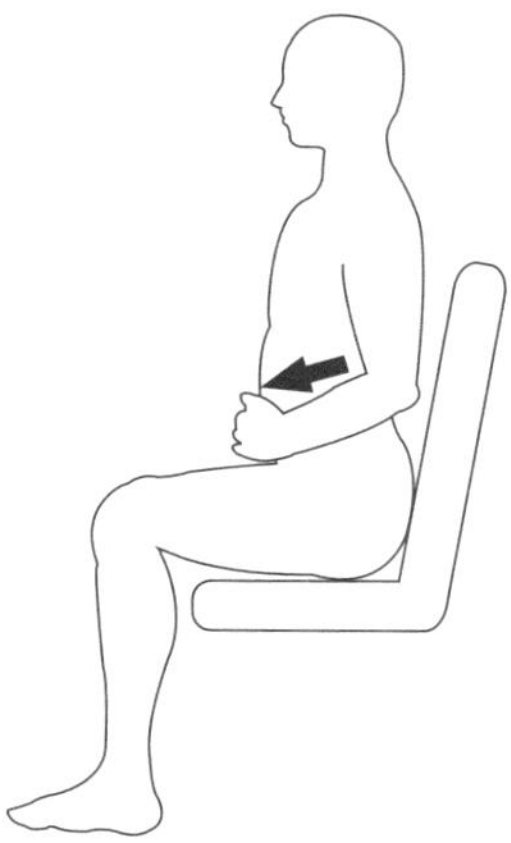

場合が多いのです。しかし腰骨《こしぼね》というと腰椎ではなく腸骨の両脇を指すこともあります。腰が痛いという場合、腰椎の付近だったり仙骨を指したりお尻だったりする場合もあります。どこが腰かは決まっていないのです。この点に腰の問題の難しさがあります。

腰が一番問題となるのは腰痛の時です。

私は30歳のころから野口整体に関わってきました。野口晴哉氏は腰に関して「腰は身体の要だ」と言い、腰椎一番から五番を中心に身体を観察しています。（『整体入門』）、また腰椎三番が狂うとまったく力が出ないと言い「人間の運動の要は腰椎三番である」「腰椎三番に力を集めるために（整体の）操法というものはあるんだ」と言われたそうです。

腰椎のまん中の三番の腹側が臍ですので腰を腰椎あたり

と捉えていたようです。私が整体を直接学んだ岡島瑞徳氏は「腰椎は一番から五番まであり、この五個の骨が人間のすべての運動を支配しています」(『悪い腰いい腰』20ページ)と語り、特に腰椎三番を「達人の椎骨」と呼んで空手の宇城憲治氏や剣術の黒田鉄山氏など当代の武術の達人の腰椎三番を問題としています(『整体の岡本瑞徳が達人の身体を読む』)。

野口整体の「病気と闘わないで、気が通りやすい身体になることで病気を経過させる」という考え方に共感し、30年以上野口氏の弟子の二人に整体法を学び操法を受け自分も仲間内で操法を行ってきましたが、一時的なぎっくり腰は直せても、私の腰痛だけは直りませんでした。途中、鍼灸や各種の手技を受けましたがやはり腰痛だけはよくなりませんでした。飛び込んで打つ剣道の影響や食べ過ぎなど身体の片寄った使い方があったかもしれません。

その後、神戸金七師の伝える柳生新陰流を学びだして、半年もすると腰痛が直っているのに気が付きました。

当時私は加藤館長の指導の下、初歩でもあり最後の極意技である「一刀両段」の稽古を続けました。

うまくできないで館長の技を何度も受けるうちに、秘密は加藤館長の腰にあるではないかと感じました。館長は常日頃、「手はつけたり(補足)、足腰で打つように」と教えられていたので、館長の演武の際に特にお願いして何度も腰をさわらせて頂きました。一本の丸太の木のようにズシンと大地に生えたような感触でした。しかし股関節と膝は柔らかく緩んでいました。

そして打った瞬間に腰がグイと前に出ました。それを館長に告げるとそれが術理であると言われました。館長は腰を捻らず仙骨をぐいと前に出していました。仙骨こそが身

加藤伊三男 春風館館長

体の要である腰なのだ！　武術の極意は仙骨にあった。これが私の仙骨との出会いでした。この認識は私の身体観・武術観を全く変える、いわばコペルニクス的転換でした。

その頃ある高名な武術家から拙著『柳生新陰流を学ぶ』の加藤館長の一刀両段の写真を見て、腰が素晴らしいとお手紙をいただきました。また春風館道場に取材に見えた日野晃師が加藤館長の演武を見て、高弟の方々には腰があるが、館長先生には普通の意味での「腰が無い」と言うのを聞きました。私と同じような認識を持った方がいることに我が意を得た思いでした。『秘伝』２０１２年11月号「日野師が見た〝士（サムライ）のスピード〟とは？」から引用します。

武道では俗に「腰が大事」だと言う。そこには、沢山の要素が入っており、そして様々な流派には、固有の大事さがあり「こういう事だ」とは言い切れない。しかし、こと尾張柳生で言えるとしたら「腰が無い」事ではないだろうか。どういう事かと言うと、加藤館長の腰は無いが、師範の方達や生徒さん達の腰はある程度ある。つまり、上半身と下半身が腰を中心に分かれているという事だ。加藤館長の場合、身体の背面は一つというか、一本というか「腰」という背骨が緩むべき部位が無い、緩まないように使われており、あたかも腰が無いかのようなのだ。

日野師は加藤館長の武術的身体および日本武術のあるべき姿を適切に表現されています。それ以来私は武術を指導する場合、「すべての動作は腰から」と指導するようになりました。しかしそう言うと腰を反ってしまう人が多いので仙骨を真直ぐ立てるようにと言うことにしたら、門人の多くは仙骨が背骨のどの部分であるか知りませんでした。

そこで袴の腰板の下の部分を触らせ仙骨を確認させ、仙骨を締め腰を押し出すように指導しました。

仙骨を締める、とは、先に述べた〝エマす〟操作に他なりません。一見、動きとしてはほとんどわからないくらいの動きで、瞬間的に全身を繋げてしまう操作です。

柳生新陰流の極意技、和卜《かぼく》とくねり打ち、向上を稽古する時、技としては身体や太刀をほとんど動かしません。一見単純に見える技がすごい斬撃力がありました。

館長の遣い方を実際に拝見し、ビデオを何度も繰り返してみるうちに、これもやはり腰の遣い方が極意であることに気がつきました。太刀を振った時、膝をエマすことで腰がわずかに沈み、扇が開くように外に向かって腰が開きま

〝ほとんど動かない〟くらいの動きで勝ちを得てしまう柳生新陰流技法「和卜」。この技を成らしめている加藤館長の操法をして、日野晃師は「腰が無い」と表現した。

全身が〝一体化〟したかのような、加藤館長の腰。

した。それによって扇の要といえる仙骨に力がギュッと集まりました。そのことで足腰の力が一瞬に太刀先に届きました。

エマすことで上半身と下半身を結びつけている深層筋である大腰筋が働いていたのです。極意の秘密はエマすことで働く大腰筋と仙骨にあったのです。それは極意技に限らず柳生新陰流の技すべてに共通していることでした。

練習8 〝ほとんど動かない〟中で威力を出す

動きをさらに小さくしていっても、全身を繋げることができれば、瞬間的に大きな力を発揮する事ができます。

古流武術の技は、総じてレベルが高くなっていくほどに、外見上の動き自体は小さくなっていきます。これは相手に見えないという意味合いとともに、最高速度を実現するために、身体操法の合理化を極限まで突き詰めていった結果、達成されるものです。技法追究がこの方向だから、古流武術は筋力的なピークである20代、30代を超えても弱くなっていかないのです。

では、〝ほとんど動かない〟中で、全身を繋げることによって想像を遥かに超える大きな威力を生み出す練習をやってみましょう。

練習8 〝ほとんど動かない〟中で威力を出す（バランス相撲）

足の小指側を45度に合わせるようにして立ち、相手に近い側の手を握り合う。この状態から手のひら方向へ押し合うが、ここではなるべく腕自体は力まないようにするのがポイント。肘も膝も柔らかく使い、重心を踵に置きつつ股関節を外旋させ、仙骨に意識を集中させる。これだけで全身が繋がって連動し、〝ほとんど動かない〟にもかかわらず、瞬間的に大きな力を発揮することができる。

1

2

お互いに足の小指付近を合わせるようにして立ち、手を腕相撲のように握ります。この状態から横方向に押し合って崩し合います。

方向を変えたり、引いたりといった駆け引きは行ないません。あくまで横方向の力のみを競い合います。

通常の腕相撲の場合、肘が固定された状態からおもに上腕筋の筋力をもって倒し合います。しかしこの場合用いるのは〝全身〟です。かといって、腰を動かしたり、上体を動かしたりする必要はありません。というよりも、上体を動かせば姿勢が崩れ、〝全身〟は繋がらなくなります。動くほど、大きな力が発揮しにくい状態になってしまうのです。

動く必要はないのです。ここは「全身を繋げること」のみに集中しましょう。それだけで〝力〟となるのです。

背骨を真直ぐ立て、姿勢を調えます。重心を踵に置きます。そして仙骨を意識します。ここまでやってきたことの集大成です。

相手が押してくる力を腰で受けることができれば、前腕など、腕自体はさほど力む必要がないはずです。

その状態から膝を柔らかく使って股関節を瞬間的に外旋させます。あからさまに膝が開くほど極端に行なう必要はありません。要は〝集中〟です。〝集中〟する先はもちろん仙骨です。

これだけです。これだけで相手は後方に身を崩すはずです。いかがでしたか？

と、いうほど実は簡単なものでもありません。しかし、腕力勝負ではない、という点である意味ハードルは低くなっているのです。筋力が少ないゆえにこれまで悔しい思いをしてきた、そんな方でも勝てるようになる方法論なのですから。

勝負は「全身を繋げることができるか」、この一点です。力むほどに身体は繋がりにくくなります。

腕の力はさして使っていないのに勝ててしまった、そんな体験ができた時、あなたは現代スポーツ理論とはまったく違う身体運動の原理の存在を身体の奥深くで実感できるでしょう。

8　柳生十兵衛「ケツ（尻）を張る、ケツをすぼめる」

今まで柳生新陰流の術理を研究する上でどうしてもわからないことがありました。柳生十兵衛『月の抄』は新陰流を創流した上泉伊勢守と柳生新陰流の初代・柳生宗厳、江戸柳生の祖・柳生宗矩の教えを比較検討した重要な文献です。そこの項目「西江水の事」で新陰流の究極の極意を述べています。

「西江水」は能の金春流と秘事を交換したという柳生新陰流の最も大切な秘事（柳生家の一大事、『昔咄』）で柳生十兵衛は『月の抄』で「無上至極の極意」と呼んでいます。西江《せいこ》は中国にある大河で、昔、禅僧が仏法の意味を師に訪ね、師が、お前が一口に西江の水を一気に飲み干したら教えてやろうと答えたのを聞いて忽然として悟りを開いた、という故事によります。重要なので全文を資料として引用しておきますが読まなくても意味は通じるようにしておきます。

西江水の事

　引歌に、

　　中々に里近くこそ成りにけり

　　　あまりに山の奥を尋ねて

父（宗矩）云う、心を納むる所、腰より下に心得るべし。これ専一とす。油断のなき事、草臥《くたび》れざる先に、捧心よろずに心を付けさせせんがためなり。油断の心あれば、ならざるものなり。その心持ち肝要なり。それを忘れざる事を、心の下作りと云うなり。三重五重も油断なく、勝ちたると思うべからず。打ちたると思うべからず。それに随い油断なくする事肝要なり。上泉武蔵守親にて候。宗厳公の伝これより外はなし。この心の受用を得ては、師匠なしと云うなり。受用を得て、敵をうかがい懸け引き、表裏あたらしく取りなしするより外はこれなし。これ無上至極の極意なり。亡父の録に西江水の事、付心なり。置く所、しむる心持ち一段大事口伝と書かる、引歌はま一《（ママ）》のごとし。また云う、この西江水の習いに、亡父の用と老父の用に替わりたる差別あり。亡父の用は尻（ケツ）をすぼむるなり。これ西江水と号す。老父の用には、尻を張るなり。これ西江水と号す。すぼめたるよりは張りたる方、身も手もくつろぎて自由なる心ありとなり。しかれども、これはいずれにても、主々が用えん方然るべきなり。詞は替われども心の置き所一つなり。心を定めて静かなる時は、捧心能くみゆるなり。秘事至極なり。

　そもそもこの習いは、亡父年し老《ろう》して体足心ならざるに、冬天の寒時に、外にある雪隠《せっちん》（便所）へ通うに、山中の事なれば、氷解けず、滑《なめ》（つるっ）となりて辷《すべ》り、老父かないがたけれども、通うとて、倒れんとせし時、この心持ちを、得道して今この西江水と秘して、無上至極、極意と号す。この所に至れば万事は一心となり、一心はた、西江水一つに寄す所なり。

私なりに術理から見て次のように理解しています。

西江水は、腹に力が満ちれば（心をおさむる所）心が静かになって（心の置き所一つなり）敵の心がわが心に映る（捧心よく見ゆるなり）ということを意味するとしか今のところ私には理解できず深意は分かりませんが、十兵衛はその用（運用・具体的な身体の現れ）に祖父・柳生宗厳と父・柳生宗矩に違いがあるといいます。

宗厳は「尻をすぼむる」、宗矩は「尻を張る」と教えていると言います。十兵衛自身はすぼめたるよりは張りたる方が「身も手もくつろぎ自由なる心」となると考えるがどちらでも自分に合った方を用いればよいと言います。

宗厳が西江水の運用を悟ったのは老年になって足腰が不自由になった時に、山中の雪隠（便所）に行こうとして、氷の上で足を滑らした時に忽然と悟ったといいます。足を滑らして転びそうになったことと、「西江水」の章冒頭に書かれた宗矩の「心をおさむる所、腰より下に心を置くことを第一にせよ」という教えを合わせて考えると、「ケツをすぼむる」と「ケツを張る」の「ケツ（尻）」は、すぼめたり張ったりすることのできる仙骨であるというのが私の理解です。

肛門を締めると仙骨が締まることと関連もあります。宗厳は氷の上を滑らないように仙骨（尻）を締めて重心を落として歩いたことで仙骨の重要性に思い至ったのです。柳生新陰流の「無上至極の極意」は仙骨にあったのです！

戦いの場で油断なくいられるように心の下作りをするには仙骨を締めることが肝要なのです。そうすれば敵の心が我が心に映って負けることはない。ここに私の生涯かけて極めるべき道が開けました。後は鍛錬があるのみです。

もうすこし分かりやすく説明してみましょう。

肛門を締めると仙骨が締まり仙骨の先端が内側に丸まります。同時に仙骨の上部（仙骨二番あたり）が真直ぐに立ちます。この背骨の土台が立った状態で腰椎や胸椎、頸椎が本来あるべき緩やかなS字湾曲となります。

それにより骨盤や腰椎や胸椎・頸椎を支える全身の深層筋が背骨を中心として働くようになります。

この時、上半身の背骨だけでなく仙骨と連動して下半身の膝関節も同時に働きます。これで氷の上で滑っても、戦いのいかなる場合でも油断なく身体の重心がぶれずにいられるのです。

なお宗矩の「心をおさむる所、腰より下に心を置くことを第一とせよ」という教えは興味深いです。江戸中期以降でしたら「腰より下」ではなく、「臍より下」と言って丹田を指すでしょうが、宗矩は丹田というやや抽象的な箇所ではなく、腰より下に心を置けと具体的な尻（＝仙骨）に意識を置いているのです。

〈補足〉

この項を書き終えた後、野口晴哉氏の『整体入門』を数十年ぶりに読み返しました。そこに宗厳の氷で滑る場面と似た記述がありました。「西江水」を理解するのに役に立ちそうで興味を覚えました。

雪が降ると、転んだといってくる人が多い。転ぶというのは、雪で滑ったからだとその人達はいいますが、その滑りやすい道を歩いていても、多くの人は転ばない。無意識に滑ることを警戒する心が生じ、体の動きをいちいち意識して警戒するのではないが、無意識に調節しているので、滑らないで歩いているのです。

ところが腰が硬張《こわば》っている人は、その体での調節がスムーズに行われないために滑って転ぶ。警戒は同じでも、腰が硬くて弾力のない人は、その心が体の運動に表われることが遅い。・・・・平素、「活元運動（野口氏の考案した背骨の柔軟性を高め、呼吸の導入によって無意識に身体が自動的に動く運動）」をやって、外路系（無意識）運動を訓練している人なら、無意識に、転ぶまいとする働きが、あるいは転んだ場合にそれをよけようとする働きが、自然に行われるので、あまり怪我をしません。（36、37ページ）

宗厳の「仙骨を締める」と野口氏の「身体に無意識な運動が出るように訓練する」と、仕方に違いがあっても、腰の柔軟性を重視する運動で危険な動きを吸収してしまう方法論は共通しているように感じます。しかし前にも述べたように野口氏はやはり腰椎を重視しています。同書に次のような記述がありました。

私は四十年前から、背骨のことに興味をもって見てまいりました。腰椎三番の狂っている人は立てません。寝返りもむずかしい。見ていると腰は体の要《かなめ》だナと思います。

私は野口氏の無意識の運動ではなく「尻をすぼめ」たり「尻を張る」十兵衛の意識的方法を追究して行きたいと思います。

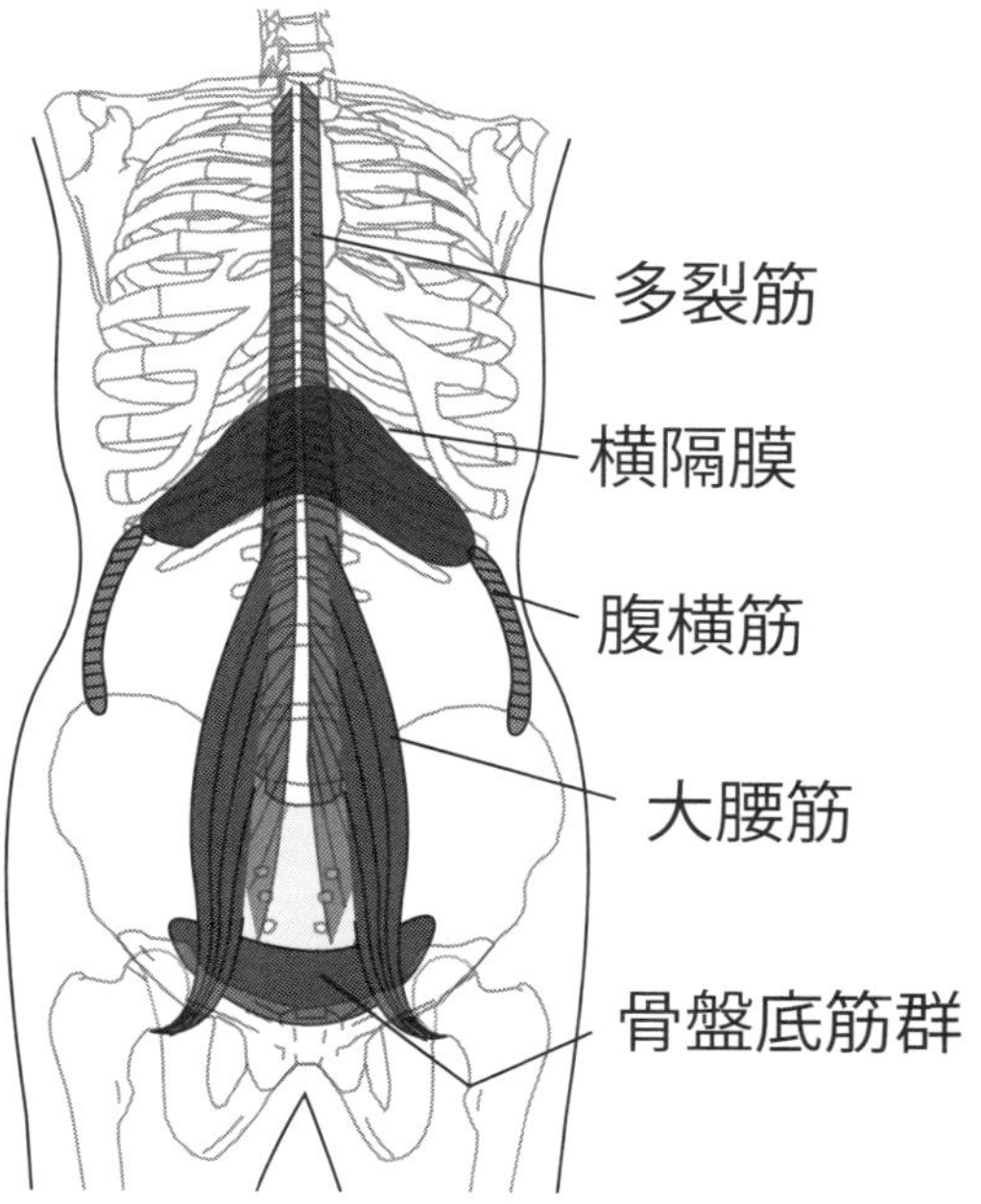

骨盤底筋群は内臓を支えるように位置している。多裂筋、横隔膜、大腰筋、腹横筋などの深層筋とともに、内臓を囲むように〝体幹〟を形成している。腹式〜骨盤底呼吸を行なうことによって、これらすべてが連動して動く。

なお尻に関して重要なことは、四足動物の時代は内臓を支えていたのは腹と胸の壁であったのが、立ち上がることで骨盤の下の骨盤底になったことです。

骨盤底には骨盤底筋群があります。骨盤底筋群とは骨盤の底にあり膀胱や子宮、直腸などの臓器が下がらないように支えている筋肉の集まりです。これまであまり注目されてきませんでしたが、運動や健康に重要な働きをしています。

骨盤底は動物なら尻尾《しっぽ》が生えている所です。四足動物の尻尾の重要性はだれにもわかりますね。身体のバランスを取り、ハエや蚊を追い払い、うれしいときはピンと立てて振り廻し、喧嘩して負けたときは腹の下に丸め込むように運動や感情を表現します。尻尾の周りの筋肉は身体の中で最も活発に動いています。しかし、立つためには不便だったので人類からは尻尾が退化してなくなっています。そのかわり内臓を支えるために、骨盤底筋が発達したのです。

四足動物の時代から現代に至るまで、お尻の周りの筋肉は最も運動量の多い筋肉なのです。骨盤底筋は身体のバランスや運動という視点からもっと重視されるべきです。特に尾骨筋は座骨にまで伸びており、仙骨の位置にも影響を与えダメージを受けると腰痛の原因ともなります（なお野口整体ではノイローゼ・情緒不安定などの頭の調整にはしばしば尾骨を使います)。

骨盤底筋群は大腰筋と一体になって内臓だけでなく、骨盤そのものを支える役割を担っています。

骨盤底筋群はまた骨盤横隔膜とも言われ、呼吸と深く関わっています。私は腹式呼吸の一環として骨盤底呼吸を行っています。

腹式呼吸は主に息をお腹に吸い込み、吐くときなお腹を凹ませますが、私はお腹に吸い込んだ息を腹の下の骨盤底に吐き下ろすという呼吸法を行っています。腹式呼吸でお腹を凹ますと腰の力が抜ける人が多く見られます。しかし骨盤底に吐き入れると骨盤底筋が活性化し、自然にゆっくり息を吐くと骨盤底筋が微かに盛り上がってくるのを感じます。

『荘子』には「真人の呼吸は踵でする」とあります。内臓の一番下は骨盤底ですが人体の底は足の裏です。そこまで呼吸で筋肉を下げるよう意識せよということです。その真意はわかりませんが、私なりに試してみて、踵まで息を吸うように意識すると、つま先が自然に上がるというか、つま先を上げた方が土踏まずが上がって重心意識がはっきりし、踵に向けて息が降りやすいような気がします。

能や武蔵流・柳生新陰流が踵を踏みつま先を上げるのは、昔の日本人の素晴らしい身体意識なのではないでしょうか。以前、滝に打たれたりして呼吸法の訓練を受け、真人の呼吸はあきらめていましたが、方法としての入り口は見つけたような気がします。なおこの場合の踵は歩く場合と同じように踵と土踏まずの境目あたりを指すと思われます。

練習9　仙骨だけを自力で動かす

骨盤底筋群は仙骨に付いています。よって、骨盤全体を動かすのでなく、仙骨だけを動かそうとすることは、骨盤底筋群を働かせることを意味します。

しかし、仙骨を動かすことなどできるのでしょうか?

仙骨の最下部にある尾骨は、〝しっぽ〟の名残といわれています。喜びいっぱいで懸命にしっぽを振る犬を想像してみて下さい。動かせて当然のような気がしてきませんか?

骨盤底筋群を収縮させるには要領があります。

肛門と生殖器の間の、ツボでいう「会陰」のあたりを、真上に引き上げるようなイメージでグゥーッと力を入れます。なかなか〝中〟の筋肉を意図的に働かせようとするのは難しいですが、お腹を凹ましながら行なうと〝中〟が

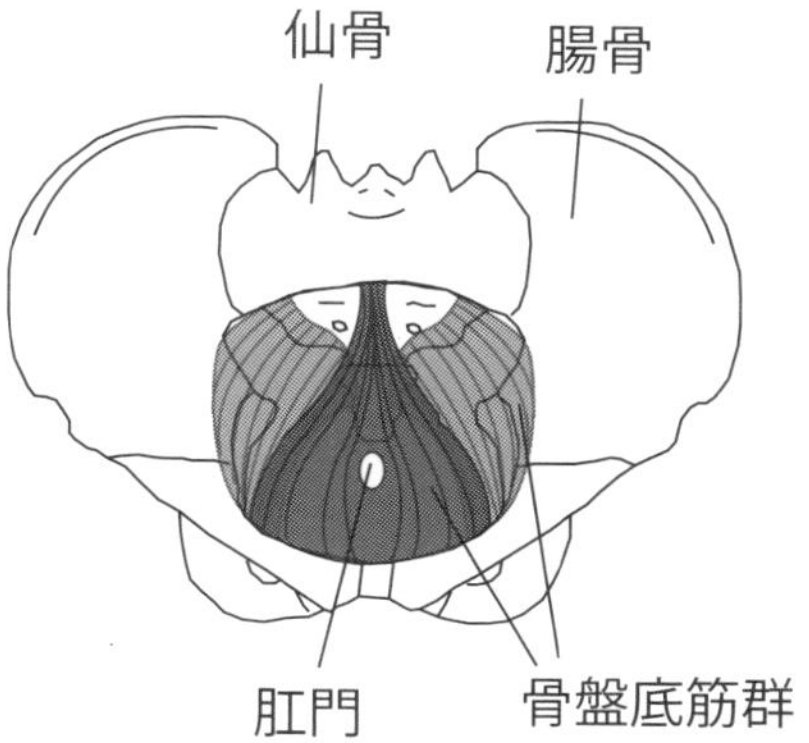

骨盤底筋群は仙骨と繋がっているため、収縮させると仙骨を動かすことができる。

練習9　仙骨だけを自力で動かす

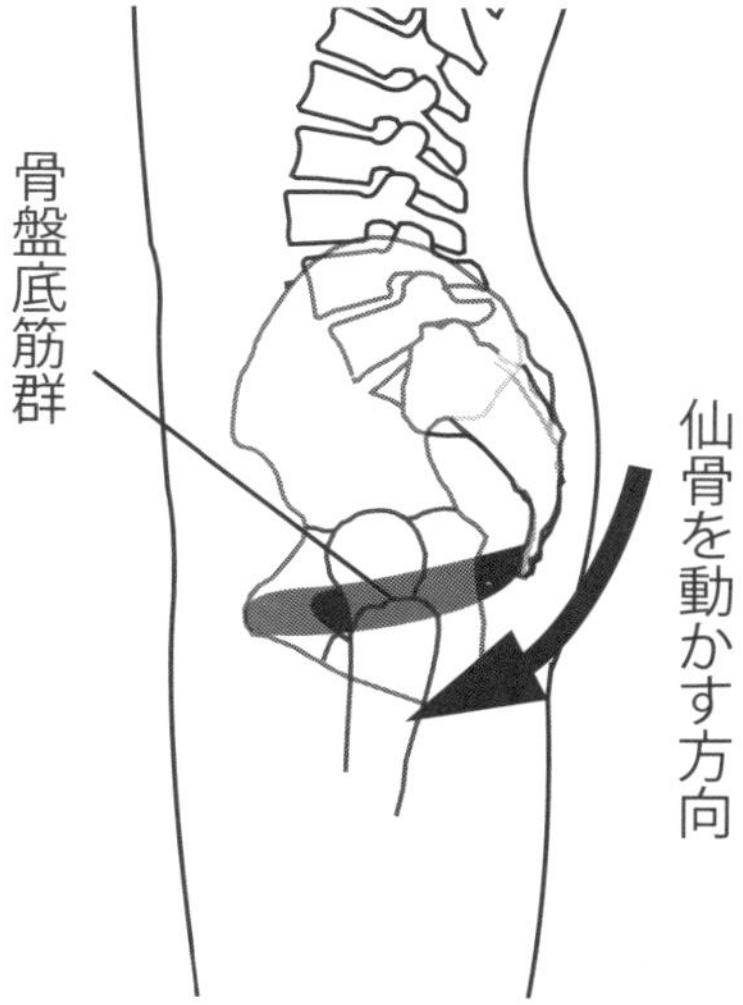

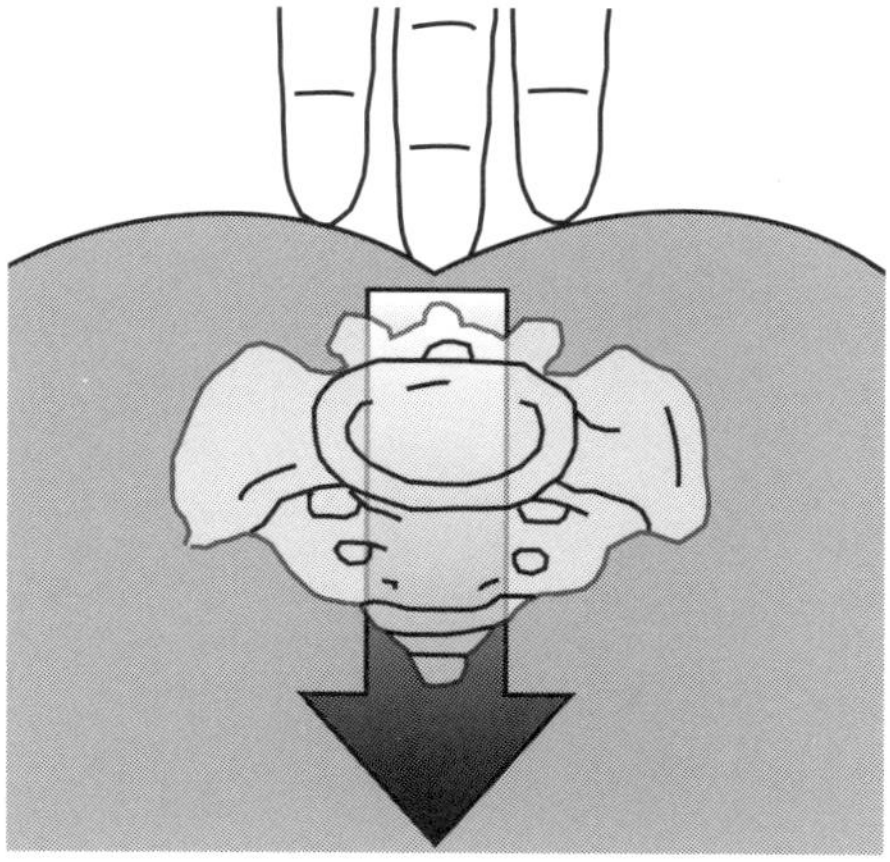

お尻の割れ目の付け根あたりに指を当てると、仙骨に触れることができる。仙骨の動きはごくわずかなので、両側の肉の部分にも同時に指をあてがうと、その指との位置関係から、かすかにグゥーッと仙骨が内に入って行く動きを確認することができる。

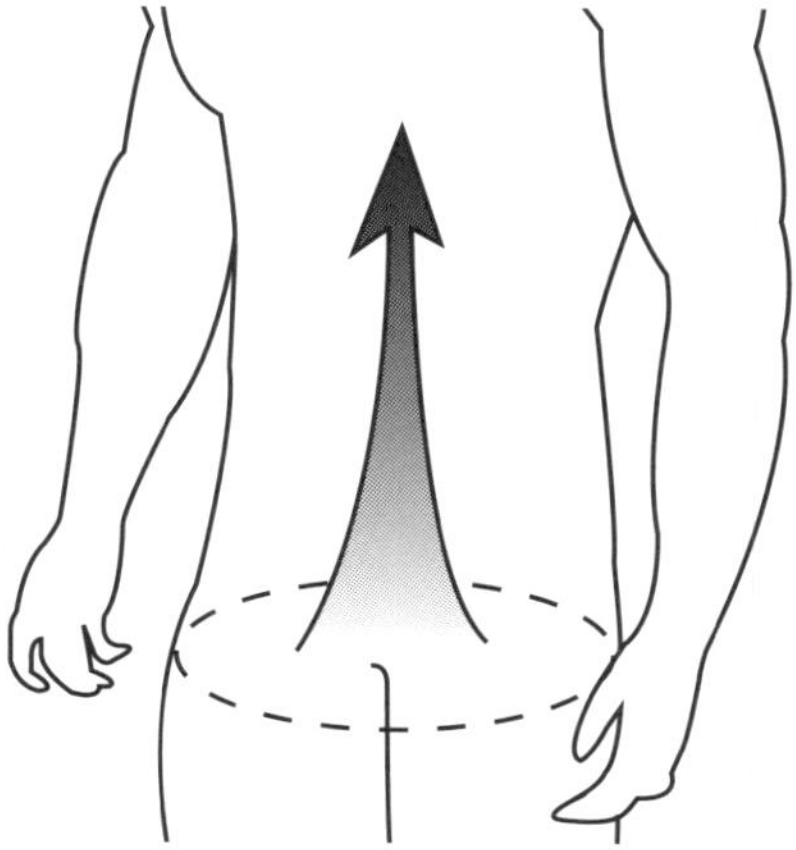

お腹を凹ましながら、肛門と生殖器の間（会陰）のあたりを真上に持ち上げるように“中”に力を入れると、骨盤底筋群が収縮し、仙骨がグゥーッと“後傾”（上図参照）の方向に動く。

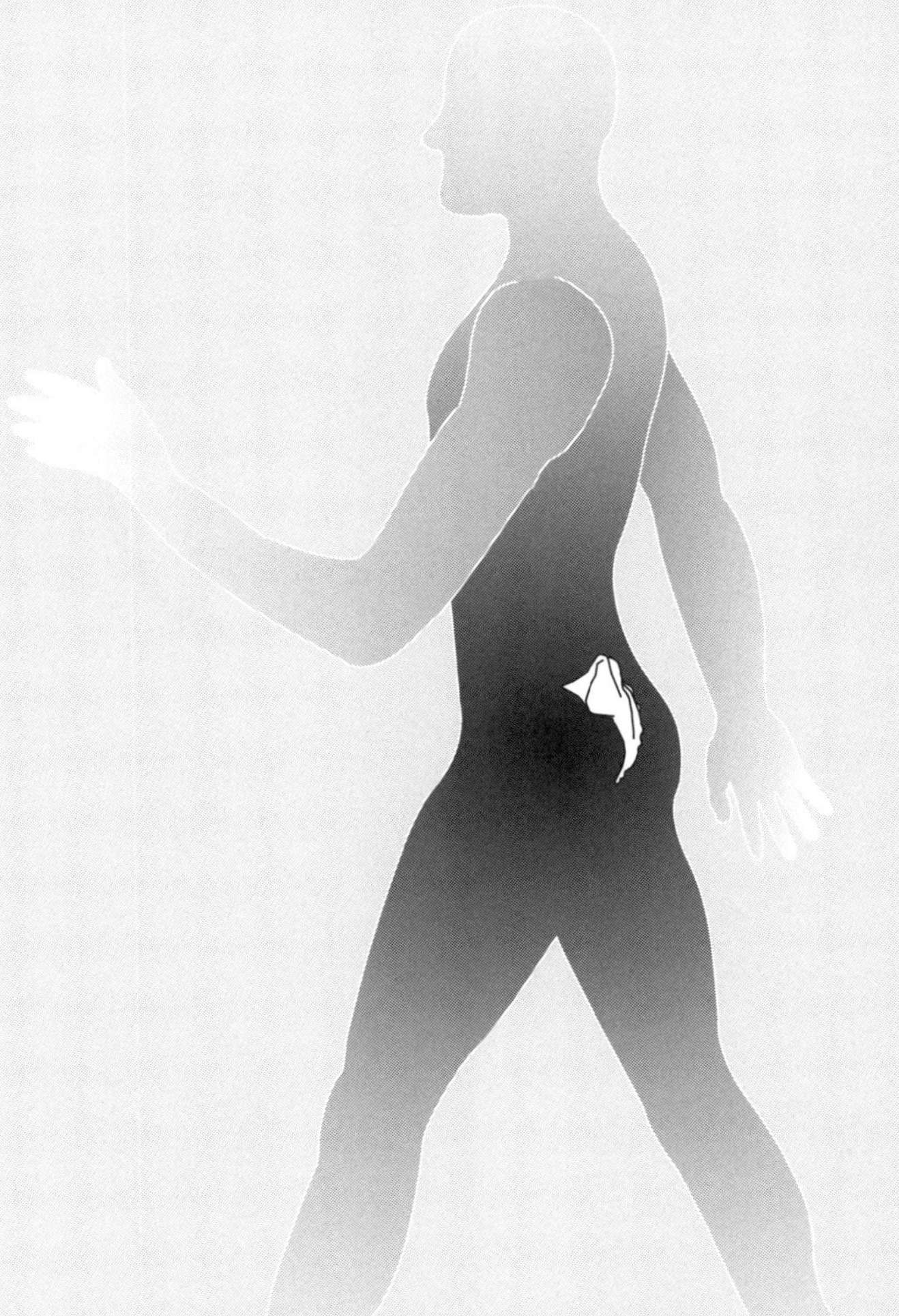

普段の何気ない日常動作の中でも、人は無意識に力んでしまっていたり、それによって身体の特定部位に負担をかけてしまっていることがある。自然にできるはずの「全身を繋げる動き」が、時々、できなくなってしまっているのだ。
そんな時、仙骨を意識してお腹を凹ましながら骨盤底筋群を収縮させてみると、末端などの余計な力みが解け、仙骨を中心に全身が自然に繋がってくる。

意識しやすくなります。なお、お腹を凹ませれば、その行為自体に自動的に腹横筋が使われます。

仙骨が動いているかどうか、自分で確かめながら行なってみましょう。仙骨は〝犬のしっぽ〟ほどに動く訳ではなく、その動き幅は認識が難しいほど、ごくわずかです。その動きをとらえるにはちょっとしたコツがあります。

まず、お尻の割れ目の付け根あたりに指を当てると、骨があるのがわかると思います。それが仙骨です。そこに指を当て、その両脇の肉が付いた部分にも同時に指を当てます。すると、その両脇の指との対比で真ん中の指だけわずかに沈んでいくのを感じることができます。

いかがですか。あなたの仙骨は動いていますか？

焦ることはありません。仙骨はゆっくりとしか動きませんので、じっくりと取り組みましょう。じきにはっきりと仙骨が動くようになってきます。その時こそが、あなたの仙腸関節が自ら自由を取り戻し始めた瞬間です。そして、骨盤底筋群を稼働させ、仙骨を中心に全身が繋がった身遣いが本当の意味で身に染み付き始めた瞬間です。この操作をしている時、肩や手や足先など、〝末端〟の力は自然に抜けているのではありませんか？ それが、〝仙骨を意識すること〟がもたらす、効用です。自然に無駄な力が抜け、全身が機能的に繋がってくるのです。

仙骨を動かす内部感覚がわかったら、もういちいち指を当てて仙骨が動くのを確かめる必要はありません。周囲に不審がられる心配もないので、普段からちょっと思いついたらやるようにしてみましょう。

どんな動作をしている時でも、お尻や会陰を締める運動はできます。そして、その動作を合理的にまとめる作用をもたらします。

例えば、ただ歩いている時、急いでいたり、心理的に焦っていたりするとどこか末端に要らぬ力が入ってしまって、微妙に不自然な動きになってしまっていたりします。よく自分の身体を観察しないと分からないレベルですが、注意していると「なんだかいつもより右膝に負担がかかっているなあ」といったように感じられることがあります。これだけ何度も日常的に繰り返してきた動作でも、〝間違っている〟時があるのです。

そんな時、この〝仙骨を締める〟操作をやってみて下さい。スッと余計な力みと負担が消え、全身が自然な繋がりを取り戻します。

仙骨とは骨格構造的にも、機能的にもこれほどに〝要所〟なのです。

練習10　骨盤底を鍛える

畳やじゅうたんなど、弾力のある床の上に足を伸ばして座り、接地した骨盤のみを左右に動かして前に進んでいく（お尻歩き）

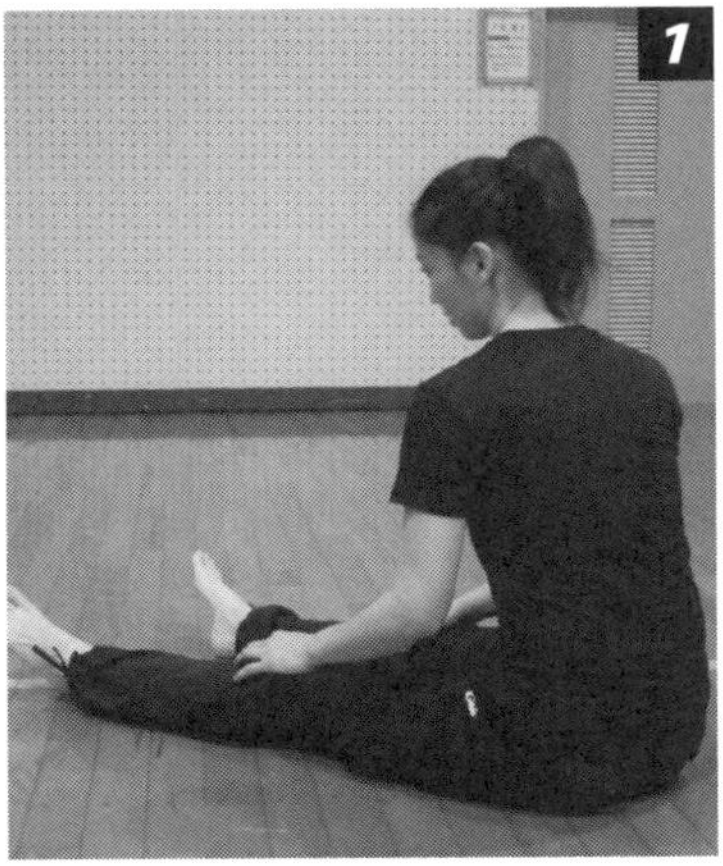

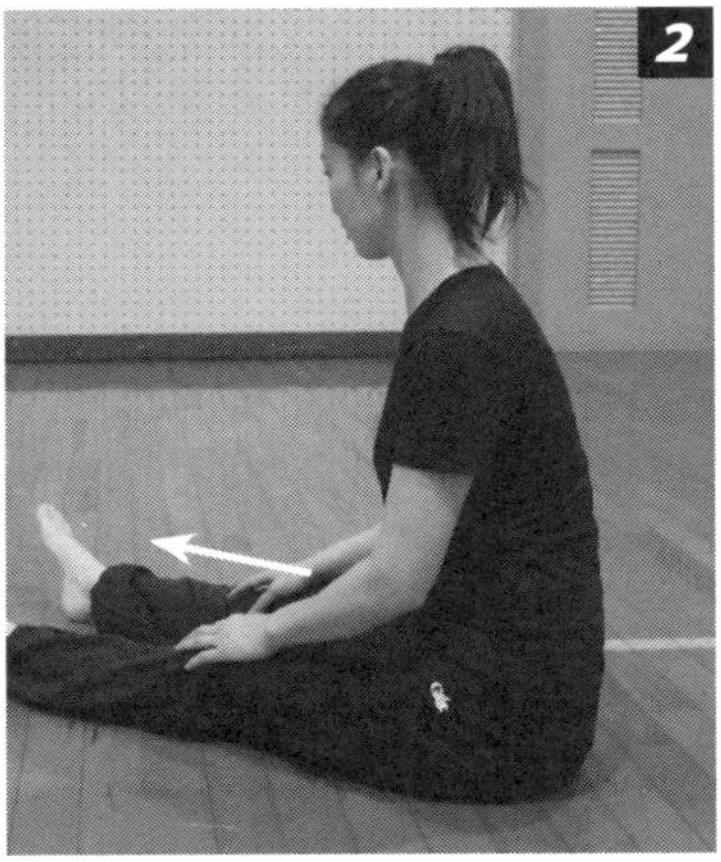

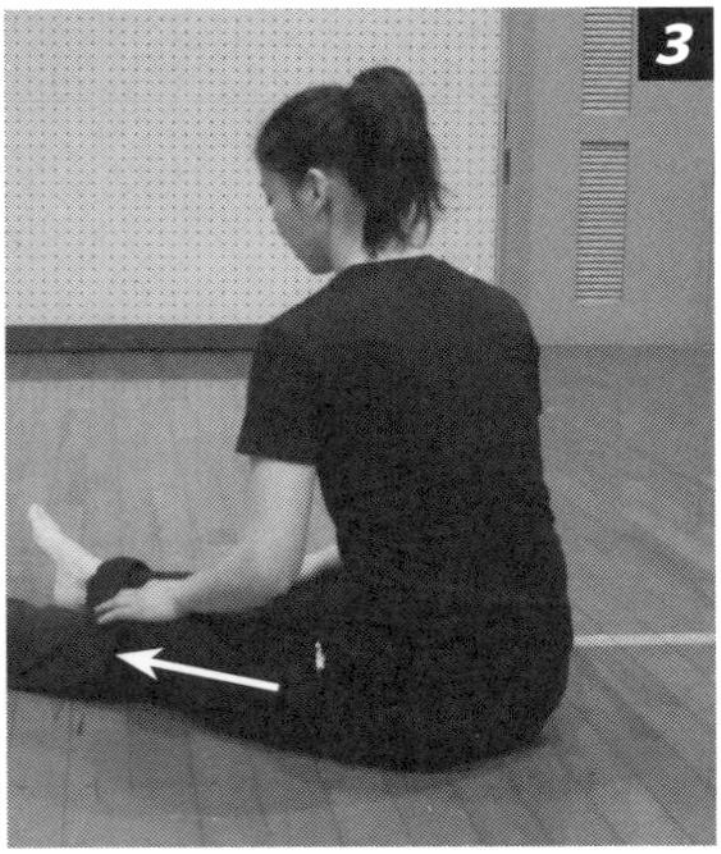

片側の坐骨の少し前にテニスボールを敷いて椅子に座る。その状態でボールを意識しながら左右の骨盤を別々に動かすようなつもりでモゾモゾさせる。

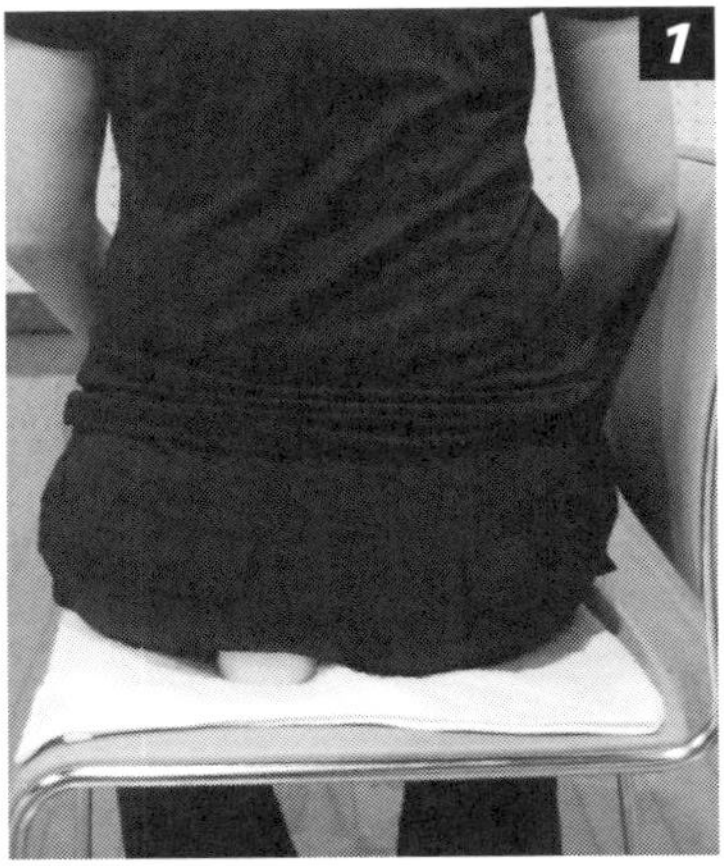

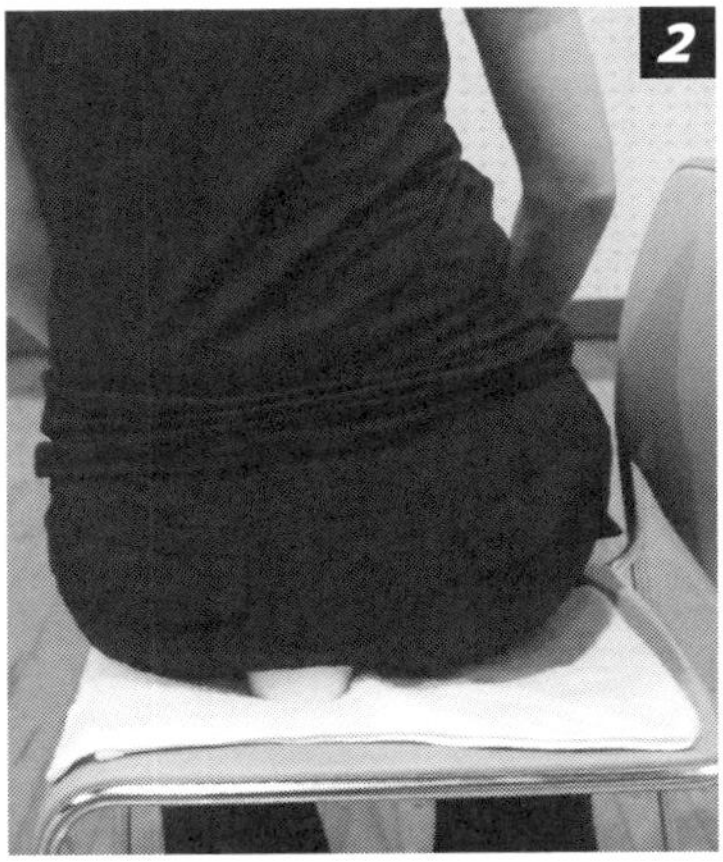

臀部を仙骨から下の方へ移動させながら叩いていく。

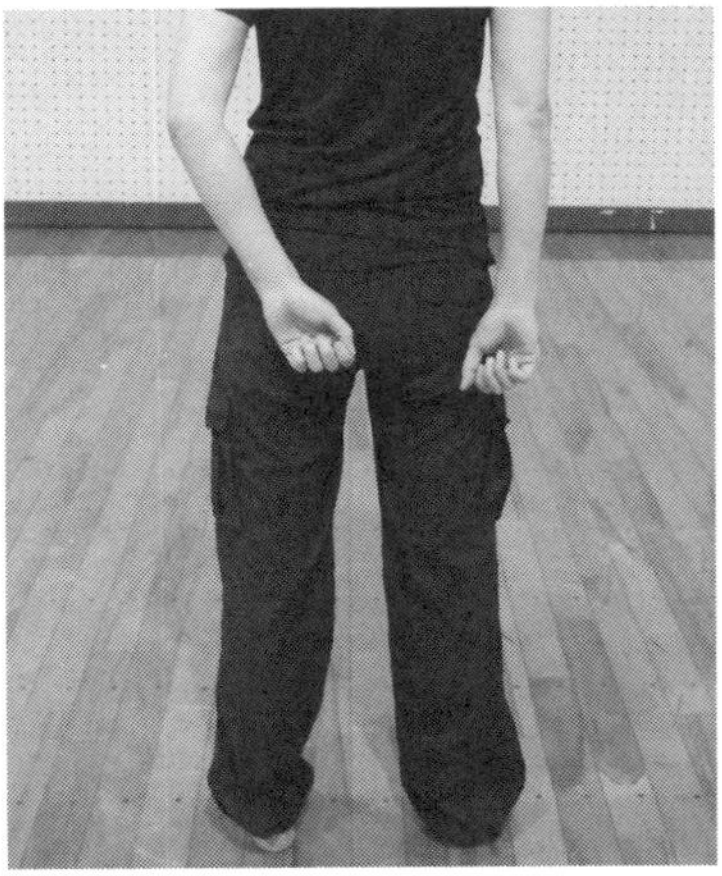

練習10　骨盤底を鍛える

仙骨を動かそうとすること以外にも、骨盤底を鍛える方法はあります。

運動としてはテニスボールに坐る方法が一般的ですが、畳やじゅうたんの上でのお尻歩き、椅子に座っている場合は両足を浮かせて交互に片方の尻を浮かせて、一方に尻に重心を掛けることも骨盤底運動となります。

お尻を拳で軽く叩くことも有効です。拳で仙骨から下の方に移動させます。椅子に座っている時間が長い人はぜひ時々このエクササイズをやってみて下さい。骨盤底筋群だけでなく骨盤を後ろから支えている大殿筋が鍛えられ仙骨が正しい位置に引き上げられます。なお大殿筋は筋肉の中で一番大きく最大の抗重力筋です。大殿筋は背骨の奥にある多裂筋と繋がっており仙骨を後ろから支えているので、大殿筋を鍛えることは背骨の安定、腰痛の予防・解消にもなります。総じてお尻を叩いたり押したりする場合、強くしないでむしろその後で骨盤底が上方にかすかに盛り上がるのを感じることが肝要です。

野球の投手は今でも「腰でなげろ」と言われますが以前は「尻で投げろ」とも言われました。野茂投手の見事なお尻はよく知られています。

骨盤底を鍛えると筋肉が鍛えられるだけでなく、お尻の血流もよくなります。坐骨神経痛などの腰痛にも効き目があります。骨盤底は女性の問題として扱われる場合が多いようですが、運動の問題として扱っている書籍としてはエリック・フランクリンの『骨盤力』（スキージャーナル社刊）があります。

第6章

身体が目指すべき究極の〝合理〟とは？

——古流武術の本質

1 何にでも応用がきく〝合理〟

さて、総仕上げは「廻し打ち」です。

そうです。もうすでに、というか、一番最初にやった練習でしたね。これをもう一度やってみて下さい。

最初にやった時に比べて、ずいぶん自然に、統一感のある動きになっていませんか？

それは、ここまでやってきた〝全身を繋げる〟ためのエッセンスが身体に染み付いている証拠です。

最初に「廻し打ち」をやった時には、形をなぞるので精一杯だったと思います。だから、最初の留意事項は「背骨を真直ぐにする」「肩甲骨を大きく動かす」「左側から振る時は左足を、右側から振る時は右足を振り出す」くらいのことでした。

でも今のあなたは、「左側から振る時は左足を踏み出す」すなわち〝同側〟の動きが、腰椎を捻らないための操作であることを身体をもってわかっています。

踏み出す足は、大きな力を足元から上半身にまで伝えて使うため、自然に踵を着いているでしょう。

刀を振るその瞬間には、脚は外旋させて仙骨に意識を集中させているでしょう。

その時、肩は落ち、脇は自然に締まっているでしょう。

本書では「脇を締めろ」とは一度も強いたことはありません。自然にそうなるのです。それが〝合理〟というものなのです。

この単純な動作の中に、留意しなければならないことが数多くあります。それを個々に追っているうちは、あることを忘れてしまったり、どうしてもあることとあることが同時にできなかったりと、なかなか大変だったと思います。

それがある時、本当に箸を持ち上げるような何げない感覚ですべてできてしまう、そんな瞬間がやってきます。箸を持つ動作も、始動は腰からだと気がつくでしょう。

すべてが繋がった瞬間です。ここまでくればしめたもの。もう、身体の中に〝理〟がしみこんでしまっている。その感覚のままに振る舞えば、何をやっても上手くいきます。古流武術とは、そういう構造になっています。

実はこの「廻し打ち」と「下からの斬り上げ」には、手に足からの大きな力を伝えて使う、すなわち〝全身を繋げる〟ためのすべてが入っています。この動作が真に満足いくようにできれば、もう、何をやっても合理的に遂行できる身体になっているのです。柔道でも空手でも、野球でも柳生新陰流「廻し打ち」
背骨を真っ直ぐにするよう意識して、その状態を常に維持しながら、左右斜めに連続して振る。股関節の動きとも同調し、左側から振る時は左足を、右側から振る時は右足を踏み出す。肘を伸ばし、肩関節を意識して肩甲骨を肋骨上を滑らせるように大きく振る。

バスケットボールでも、です。

古流武術の稽古とは、できるか、できないか、ではありません。足をこの形にして、手をこの角度で動かせればその技が〝できた〟ことになる、というものではないのです。

古流武術が稽古するのは〝型〟です。この〝型〟を繰り返して行く中で身体操法の合理性をとことんまで突き詰めて行く、というものです。

やればやるほど筋肉が増大したり、瞬発力がアップしていく、というものではありません。今ある身体を最大効率で活用する、それだけです。

スポーツはやりすぎると、だいたい身体を痛めます。それはやりすぎるのが悪い、という以前にやり方が間違っているのです。

本書でご紹介した古流武術の操法は、日本人が見出し、到達した、身体操法としての完成形です。そしてそれは、日本人だけに適用されるものではありません。人間普遍の〝合理〟です。これをぜひ現代においても、あらゆる運動のスタンダードとして身につけていただきたい、それが本書の目的であり、私の願いです。

2 勝利の方程式

これほどに高度な身体操法が、今よりはるかに情報の少ない時代になぜ生まれ得たのか。それは、武術が生死を賭ける真剣さをもって培われてきたものだからです。

刀を持ち合って戦わねばならない、としたら、あなたは何に頼ろうとしますか？　スピード？　パワー？

そのどちらも、いくら自分がある程度自信がもてるくらいまで鍛え上げていても、それよりちょっとでも上回る敵と出会ってしまったら、終わりです。たった1回、負けるだけで、終わりなのです。

相手の能力が優れているか、自分が上か、そんなイチかバチかの賭けでは駄目です。

武術は、もっと高度でアテになる〝方程式〟を求めました。

その〝方程式〟とは、相手に先に攻めさせることです。

柳生宗矩は『兵法截相心持の事』で、「我が心ばかりにて打つ事を当流には、僻事《ひがごと》（道理に合わないこと）とあい極め候」と言い、「勝つ所は敵にあり」と書いています。

こちらの勝つ所は敵の攻撃の中にあるのです。

攻撃しようとする瞬間、どんなに強くて抜け目のない相手でも、最大の〝隙〟が生じます。それは、ボクシングなどの現代格闘競技の中にも見て取れます。両者にらみ合ってなかなか手を出さない……この一見つまらない場面は、お互いにカウンターを狙っています。不用意に先に攻撃してそれを避けられたらカウンターをとられてしまうので手が出せない、という側面もあります。

では、どうするか？

誘うのです。

柳生新陰流の「九箇《くか》の太刀」は敵に仕掛けて打ってこさせる法が纏められています。まさにここに戦いにおける「勝利の方程式」があります。「九箇の太刀」は上泉信綱が当時の諸流の代表的な太刀形を九箇にまとめて新陰流の太刀形としたものです。

九本ありますが、三本ずつに分かれてその誘い方に違いがあり、最初の三本は太刀筋を見せて誘います。

柳生新陰流「九箇の太刀」一本目〝必勝〟における構え。通常と逆手で持つ〝左太刀〟の狙いは⁉

九箇の太刀　必勝

〝自ら先に動いて反応を誘発し、そこへの反撃をもって勝ちを得る〟のが「九箇の太刀」の構造。一本目〝必勝〟は左太刀による心理効果を巧みに利用している。

1

2

左手を前にした〝左太刀〟で高く構える（写真1）。右足を右横に踏み出しつつ、相手の柄中に向け左しのぎを真っ直ぐ振り下ろす（写真2）。太刀を後ろに振りかぶって引いた相手は、打ち出したままのこちらの左手を隙とみて打ち込んでくる（写真3）。左前方へ踏み込んで体を開いて相手の打ち込みを小さく外し、相手の右手の表面を、そぎ斬りにする（写真3〜4）。

「必勝」における構えは〝左太刀〟だが、瞬間的には通常の撥草（はっそう）の構えに映り、心得のある者ほど袈裟の太刀筋を想起してしまう（写真1）。しかし実際には、そのまま左鎬で叩くように直線的に落としてくる（写真2〜3）。咄嗟の動揺を誘う心理的効果が大きく、追いつめられた相手は咄嗟に目前の「誘い」に食いついてしまう。

一本目「必勝」は塚原卜伝が得意とした〝左太刀〟です。

長岡房成の『刀法録』に次のようにあります。

この形《かた》左太刀にて不自由なりしに必勝と名づけし事、古来意有る事と見えたり。・・・・塚原卜伝天下の名人なりしが数度の他流試合には必ず左太刀にて勝ちしとなり。

「九箇の太刀」の技法群は、敵に仕掛けてこさせるため、自分から動きます。

通常とは逆の左手を前にした〝左太刀〟に構え、そこから踏み出しつついきなり敵の拳に振り下ろします。これは実は誘いです。

構えからは一見斜めに振り下ろされてきそうに思えるのですが、〝左太刀〟のため、真直ぐに振り下ろされてきます。ここでまず敵は意表をつかれます。

振り下ろした太刀をそのままにし、その手を狙わせます。初太刀で焦りが生じた相手は、打ち外して目の前に出されたこちらの手を隙とみて、すぐさま打ち込んでくるので、それを左前方へ踏み込みつつ体を開き、打ち込みをかわしながら相手の右手を、斬る太刀筋ではなく表面をそぎ斬りにしてとるのです。

もちろん最初から、斬ってとる最後まで〝左太刀〟のままでです。逆手だとぎこちなくなってしまうようでは、誘いも決めも成り立ちませんね。

重要なのは、〝カウンター〟をとるためには、本当にごく小さな動きでなければならないこと。そして、「かわして」〜「反撃する」二拍子でなく、かわすのと反撃が一体となった一拍子でなければならないのは、92ページでご紹介した「くねり打ち」と同様です。

一瞬のうちに、小さな動きの中に全身の力を集中させる、それが古流武術の方法論です。それゆえにこれまで説明してきた身体操作に行き着いたのです。

そしてこれがもたらしたのは、筋肉運動のそれとは、次元の違うスピード、力だったのです。

3　サムライのスピード

武蔵は『五輪書』に「兵法において早きこと悪しき」と記し、早さを否定します。戦いにおいて重要なのは早さではなく拍子です。『五輪書』の総論である「地の巻」の最後の章は「兵法の拍子の事」で、

物毎に付け、拍子は有るものなれども、とりわき兵法の拍子、鍛練なくては及びがたき所なり。・・・・・・・先ずあう拍子を知って、違う拍子をわきまえ、大小・遅速の拍子の中にも、あたる拍子を知り、間《ま》の拍子を知り、背く拍子を知る事、兵法の専なり。この背く拍子をわきまえ得ずしては、兵法確かならざる事なり。・・・・

と様々な拍子を挙げ、最後に「いづれの巻にも、拍子の事を専ら書き記すなり」と締めくくり、これから書くことは結局全ては拍子のことだと言っています。背く拍子の重要性については『兵法家伝書』にもあります。

合う拍子は悪しし、合わぬ拍子をよしとす、拍子に合えば、敵の太刀使いよくなるなり。拍子が違えば、敵の太刀使われぬなり。敵の太刀の使いにくい様に打つべし。

（「三拍子の事」）

戦国時代に生まれた代表的な二流派が、ともに拍子を第一のものとして説いているのです。

相手の〝拍子〟をはずしたこちらの〝拍子〟で打ち込むカウンターは、実際はとんでもなく速く映ります。

次ページの連続写真は、柳生新陰流に伝わる〝抜刀〟で

柳生新陰流抜刀

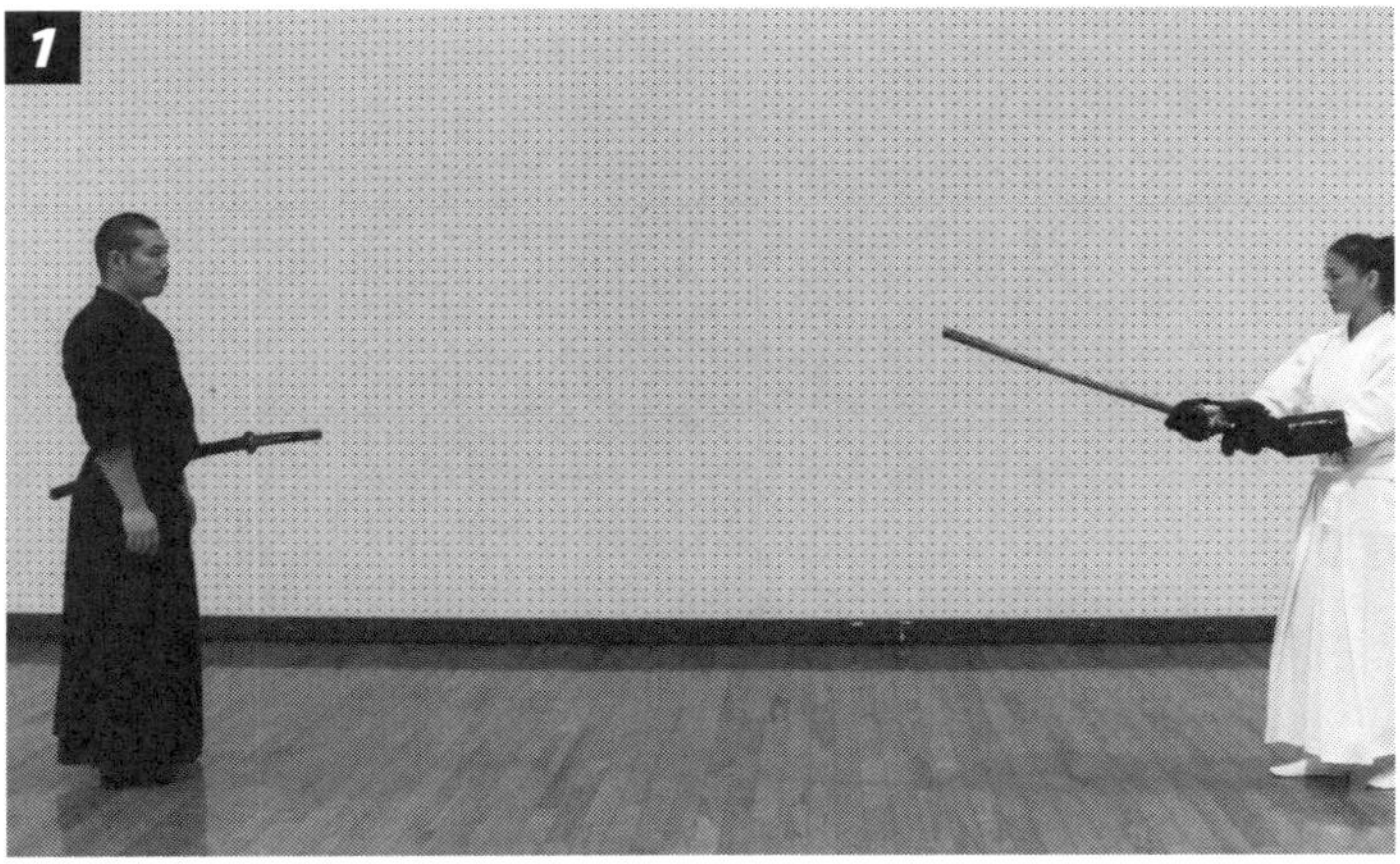

〝柄を握った瞬間には斬っていなければならない〟のが柳生新陰流における抜刀。相手が斬りかかろうとするわずかな初動をとらえるや（写真2）、相手が斬り下ろす前にその小手に切っ先を到達させてしまっているこの速さ！　いわゆる筋肉運動は最小限であり、腕の振り出し速度が速いというよりは、一瞬のうちに0から100までの加速を達成してしまっているかのような質の速さだ。ポイントは、〝腕〟というよりは〝腰〟で刀を振り出している、という所にある。

す。

柳生新陰流は抜き打ちの一本を大事にするので「居合」とは言わず「抜刀勢法」と言います。上泉信綱の孫、孫四郎から尾張柳生に伝承され、現代では春風館道場にだけ伝えられています。相手が動こうとするや否や、抜き様にその小手をとらえてしまっています。

何たるスピード！と驚くところなのですが、これは相手の運動よりも刀を抜いて振り出す腕の動きが速い、という図式ではありません。筋肉出力をフルスロットルにして……というスピードではないのです。

筋力まかせでないスピード。まるで0からいきなり100に至ってしまっているようなスピード。結果として何よりも速いそのスピード。

そういうスピードもあるのです。

それが、サムライたちの追い求めたスピードです。

4　最高速・最大出力は、最小の動きで実現する！

「九箇の太刀」の三本目「十太刀」は刀の柄を握った手を見せて誘い、「くねり打ち」に斬ってとります（148～149ページ参照）。

「くねり打ち」は第5章でもご紹介しました。とても小さな動作の中に全身の力を集中させて斬撃力とする、柳生新陰流独特の打ち方です。

ここで改めて、「九箇の太刀」のテーマである〝誘い〟について触れておきたいと思います。

〝誘い〟と一言で言っても、ただ腕を差し出したり、構えに隙を作ったりしてみても、実際には相手はそう簡単に打ち込んでくれはしません。柳生新陰流はそこまでを踏まえて稽古しています。では、相手を動かすにはどうしたらよいのか？

それは攻めることです。しかし動作としての攻撃ではありません。本気で攻める気配を見せることです。柳生連也は「カラを忘れる」と隠し言葉で表現しています。カラとは身体のこと、つまり捨身になることです。

〝ただ待っている相手〟はわかってしまうものです。だから、本気で攻めて行かなければならないのです。

となると、話は難しくなってきます。こちらが待ち受けているところに相手が飛び込んできてくれるのならば、話は一番簡単です。しかし、本気で攻めなければ、相手は動いてくれないのです。

本気で攻めて、その結果つんのめってしまっては、カウ

九箇の太刀　十太刀

三本目〝十太刀〟では最初に「文《あや》を切る」という攻め合いがあり、それを外して隙のある構えを作る。それで初めて「誘い」となる。〝攻め〟がなければ、相手は動いてくれない。

文（あや）の切り合い（互いに剣先を上下させる拍子の取り合い）から、右に踏み出て両手を前方へ出した変形の車構えにとる（写真2）。前に出した拳に向けて相手が打ち込んでくるところを、右へ転身し、打ちをはずす動作と斬る動作が同じ一拍子のくねり打ちに柄中を打つ（写真3〜4）。

1

2

3

4

ンターはとれません。〝本気の攻め〟から瞬時に切り替え、一拍子の「かわし」「反撃」を決めなければなりません。

結果として、技はどんどん小さくなって行きました。

「くねり打ち」には三種類あります（写真参照）。

「古伝のくねり打ち」→「尾張柳生のくねり打ち」→「奥義之太刀〝向上〟」と技の練度が上がってゆき、〝向上〟に至っては、「ただ剣を寝かせただけ」くらいにしか見えない、ほんの小さな動作になります。こんな小さな動作でも実戦的に通用する斬撃となり得る、だからこそそれが形として残っているのです。こんな小さな動作の中に全身の力を集中させる身体操法とともに。

技の動きは極限まで小さくされることによって〝最速〟を実現し、まるで〝点〟に向かうごとく集約された威力を得ることになりました。この〝集約〟〝集中〟こそが日本武術が手に入れた方向性です。

古伝の“くねり打ち”

実際には一拍子で打たれているが、連続写真でみると“かわす”動作と“打ち込む”動作の二元性がはっきり認識できる。

奥義之太刀“向上”

もはや“無作為”に思えるほどに小さくさりげない動作。腰を深く落とさずとも“エマし”を効かすことができるようになれば、こんなに小さな動きで大きな力を剣先に集中させることが可能なのだ。柳生石舟斎が上泉伊勢守に敗れたのがこの技だという。

尾張柳生の“くねり打ち”

“かわす”動作自体が“打ち込む”動作になっている。完全に一拍子であり、一動作。

5 極意は身体である

剣術の極意は技ではありません。この技を使えば絶対に勝てるという秘伝はありません。剣術の極意は最終的には身体です。

宮本武蔵には3つの極意があります。24歳で書いた『兵道鏡』の冒頭は身体論から始まったことは第3章で述べました。この時代の武蔵の極意は「直通の位」です。

兵法至極を得て50歳のころに書いた『円明三十五ヶ条』の至極は相手の起こりの見えないうちに打つという「万理一空」です。有名な『五輪書』は晩年、最終的な兵法の極意を書いたものなのですが、そこで武蔵は最終的な極意を「惣体自由」と名付けています。

この法を学び得ては、一身にして二十三十の敵にも負くべき道にはあらず。先ず気にて兵法をたえさず、直なる道を勤めては、手にて打勝ち、目に見る事を人に勝ち、また鍛錬をもって惣体（全身）自由（やわらか）なれば、身にても人に勝ち、又この道に馴れたる心なれば、心をもって人に勝ち、この所に至りては、いかにとして人に負くる道あらんや。

（『五輪書』「地の巻」後書き）

兵法、太刀を取りて、人に勝つ所を覚ゆるは、先ず五つのおもて（五つの太刀の道）を以て五方の構えを知り、太刀の道を覚えては、惣体自由《ヤハラカ》になり、心のきき出でて道の拍子を知り、おのれと（自然と）太刀も手（も）さえて、身も足も心のままにほどけたる時に随い（後略）

（『五輪書』「水の巻」後書き）

『五輪書』の細川家版に、「自由」に「ヤハラカ」とルビがふられているように武蔵の自由とは身体のやわらかさなのです。

柳生も自由を極意と言っています。

様々の習いをつくして、習い稽古の修行、功つもりぬれば、手足身に所作はありて心になく、習いを離れて習いにたがわず、何事もするわざ自由なり。（中略）習いを忘れ心を捨てきって、一向に我も知らずしてかなう所が、道の至極なり。この一段は、習いより入りて習いなきにいたるものなり。

（『兵法家伝書』）

今、あなたの身体は、ここまでお読みになる以前よりも格段に自由になっていることと思います。

しかし、もっともっと自由になれます。

〝自由〟には限りがない、それがこの道の奥深さでもあるのです。

第7章

“大きく速い”と“小さく強い”の実現

――すべての動きが目指す、究極なる目的

1 求めるものは同じ？

本書では、現代スポーツにも通用し得る〝合理〟として、古流武術の身体操法をご紹介してきました。しかしここで改めて考えてみたいのは、なぜ通用し得るのか、ということです。

実は、古流武術も、現代スポーツも、求めているものは同じです。それは、〝大きく速い〟と〝小さく強い〟の実現です。

地球上の物体はすべて、大きく動こうとすればそれだけ時間がかかります。つまり、遅くなるのです。大股で歩こうとすれば、嫌でもピッチは遅くなりますよね。つまり〝大きい〟と〝速い〟はどうしても相反するものなのです。逆に言えば、その相反するものを両立させる〝大きく速い〟動きを実現したら、それは絶対的に最高の〝速さ〟なのです。

一方、〝強い力〟を生み出そうと思ったら、動きは必然的に大きくなろうとします。ミリ単位の繊細な動きで100キロもの重い荷物を動かそう、などというのは無理な相談です。

しかし、ほんの小さな動きから大きな力を発することができたなら……、レスリングならば相手はよくわからないうちに投げ飛ばされているでしょう。

〝大きく速い〟〝小さく強い〟は、物理学上の大いなる矛盾であると同時に、あらゆる運動における究極の「理想」なのです。スポーツでも武術でも、実は追究しているのは同じように、ここなのです。

スポーツでは、主に「筋力強化」という方法論によってこれを目指しています。例えば、大きなストライド、かつ速いピッチで足を動かせるようになるためには、とてつもなく足に無理をさせるのです。この無理に耐え抜いた、筋力強化された足の持ち主が、現代のアスリートです。

しかし、古流武術は無理をさせずに、この〝大きく速い〟と〝小さく強い〟を実現させようとしてきました。

そのための方法論こそが本書のテーマ、「全身を繋げて使うこと」なのです。

2 〝繋がっている〟ことの意味

今さら言うまでもなく、誰もが全身は、物理的にはつながっています。しかし、物理的につながっているだけでは駄目なのです。繋げる、とはあくまで機能的な意味合いの話です。

〝ムチ〟のように連動する身体、それが理想です。

という例えは、誰でも一度は耳にしたことがあるのではないかと思います。何しろ、〝ムチ〟の先端は音速を超えると言います。では、〝ムチ〟のように身体を使おう、と考える時、多くの人は、基幹部から末端に向けて順に動きが伝わっていく、次ページ写真のような運動をイメージするのではないでしょうか。

結論から言えば、この写真は、柳生新陰流ではよしとはされない動きです。

これは実は、肩〜肘〜手首、各関節を時間差でバラバラに使っている動きです。一見〝ムチ〟のように見えるかもしれませんが、機能的に言えば〝ブツ切れ〟です。

〝ムチ〟の驚異的なスピードの秘密は、基部の動きがその少し先の部分を動かし、その部分の動きがまたその少し先の部分を動かし、という事が全体で一気に起こっている、というところにあるのです。「時間差」ではないのです。

〝ムチ〟を振る際の動力源は、基部を動かす手の力のみです。しかし、人間の腕の場合は違います。肩の筋肉、上腕部の筋肉、前腕部の筋肉、手首…とそれぞれの部位（それぞれの関節を動かす筋肉）が動力源になり得るため、それぞれがバラバラに参加してしまうのです。

「動かそう」とやっきになると、得てして逆効果になります。力まずに各関節はいつでも稼働できる状態にしておく。これが武蔵の説いた〝自由〟な状態です。そしてこれこそが〝ムチ〟の状態です。

柳生新陰流や他の流儀でも、古流剣術においてはおしなべて良くないとされている刀の振り。肩～肘～手首、と関節を連続的に使うと外見的には〝ムチ〟のようにも見えるが、〝ブツ切れ〟な使い方にすぎない。

その状態から、ごく自然に（それが難しいのですが）振り下ろせば、身体全体が同時に稼働し、各関節の動きそれぞれは小さくとも、結果として大きく、この上なく速い動きとなります。

ポイントは同時に稼働することです。これが真の意味での〝連動〟なのです。

力めば「部分稼働」になります。上腕を動かす筋肉を強化すれば、上腕を速く動かせるようになるかもしれません。前腕を動かす筋肉を強化すれば、さらにもう少し速くなるかもしれません。

しかしそれは、身体運動としての〝最善〟ではないのです。

連動しているように見えて実は“バラバラ”な操法

(イメージ図)

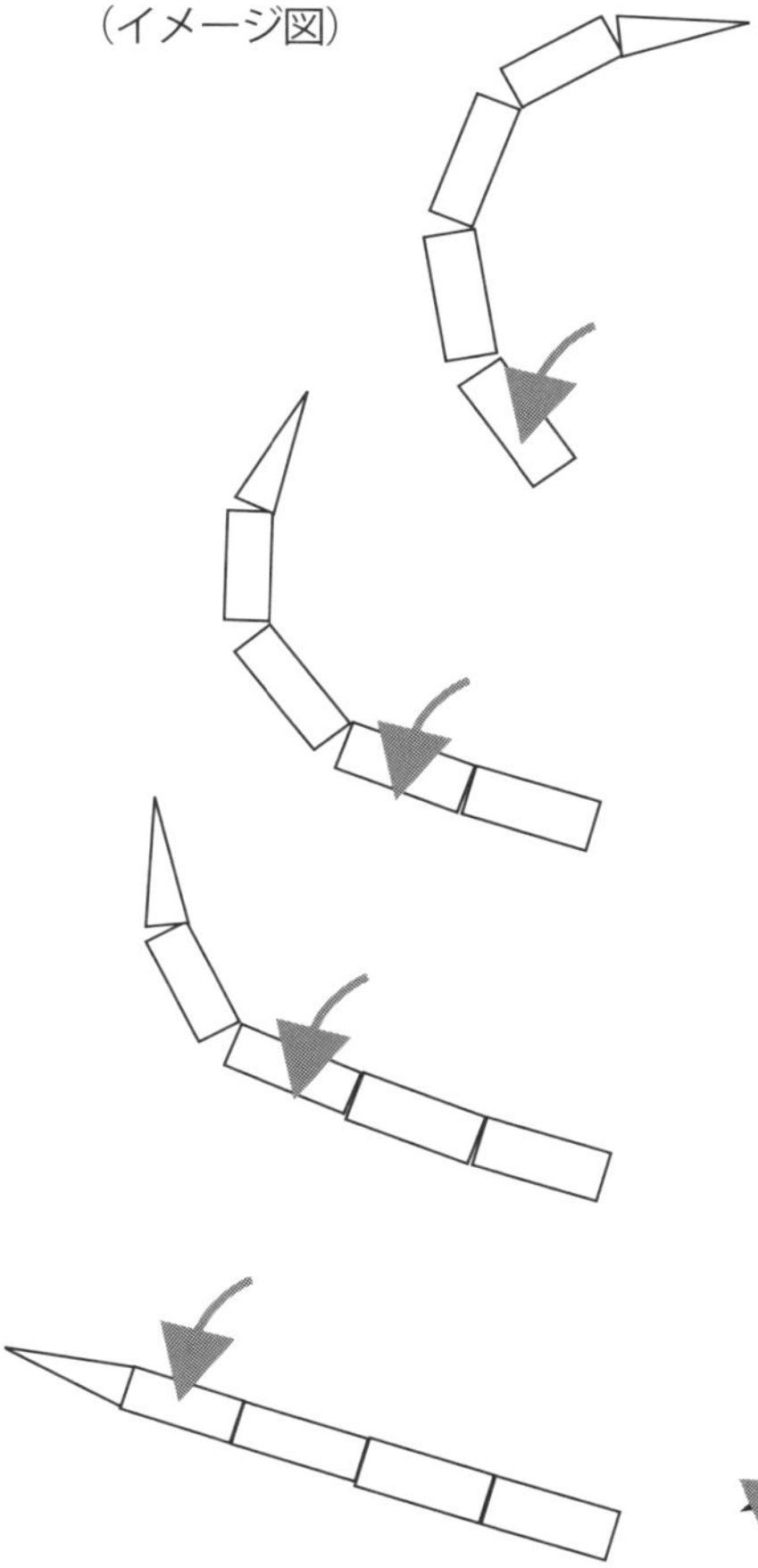

ムチの動きと力

(イメージ図)

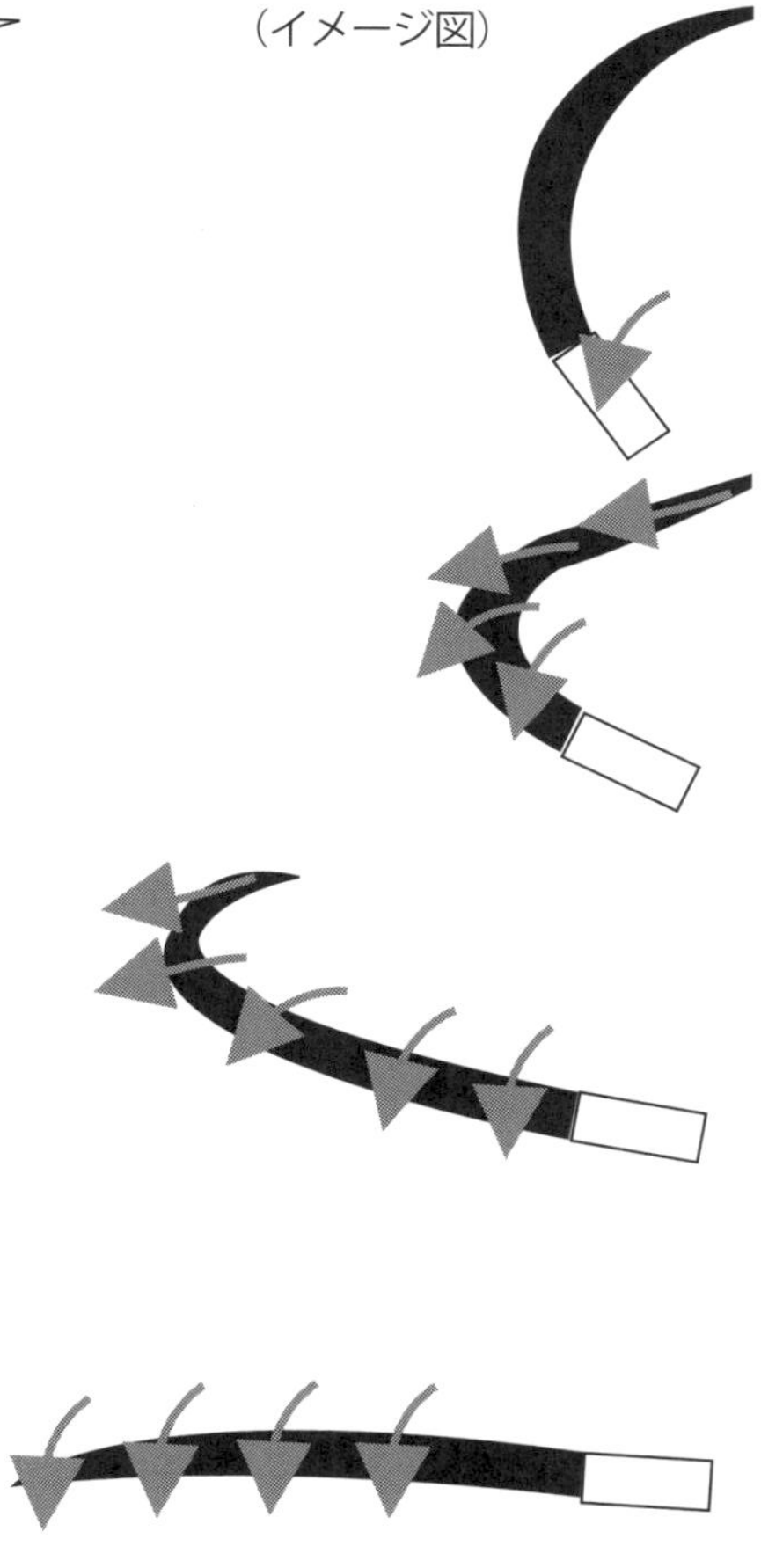

身体を“ムチ”のイメージをもって動かそうとすると、各関節を順番に(結果としてバラバラに)使ってしまう(上掲左列)。しかし、実際の“ムチ”とは、全体が柔らかく繋がっていることにより、手元を動かす力が全体に渡って一気に「動き」として作用している(右列)。

柳生新陰流における正しい刀の振り。肘を伸ばしたまま振るが、腕のどこかが力んでしまうとこの動きにはならない。各関節を柔らかく保つことによる〝同時稼働〟の結果として、それぞれの動きは小さくとも〝大きく、速い〟動きとなる。

3 〝最速〟の動き

次ページの写真は、柳生新陰流における「三学円の太刀」という勢法（型）の中の一本目〝一刀両段〟のはじめの部分です。

相手は、こちらが前に出した肩を真っ向から打ってきます。それに対してこちらは横からの斬撃をもってカウンターにきってとるのです。

〝直線〟に対して〝直線〟をぶつけるのではなく、〝曲線〟的に迎え撃つのが柳生新陰流の基本的な技法原理です。これはその象徴的とも映る図式です。

しかし、ここで動き始めるのは相手が先、しかも直線的に打ってくるのですからとにかく速い。カウンターなど、間に合うのでしょうか？

これは実際、難しいところです。魔法のようになんとか

三学円の太刀 一刀両段（初期動作）

相手が真っ向から斬撃に来た瞬間、その拳をカウンターにとらえる。前章で紹介した「九箇の太刀」のように自らが先に誘い動作を起こさないが、この技法も本質的には〝誘い〟であり、左肩を相手に差し出す車（しゃ）の構えにより、相手に「打ってこさせて」、そこをとらえる技法だ。しかし、動き始めるのは相手が先。間に合うのだろうか？

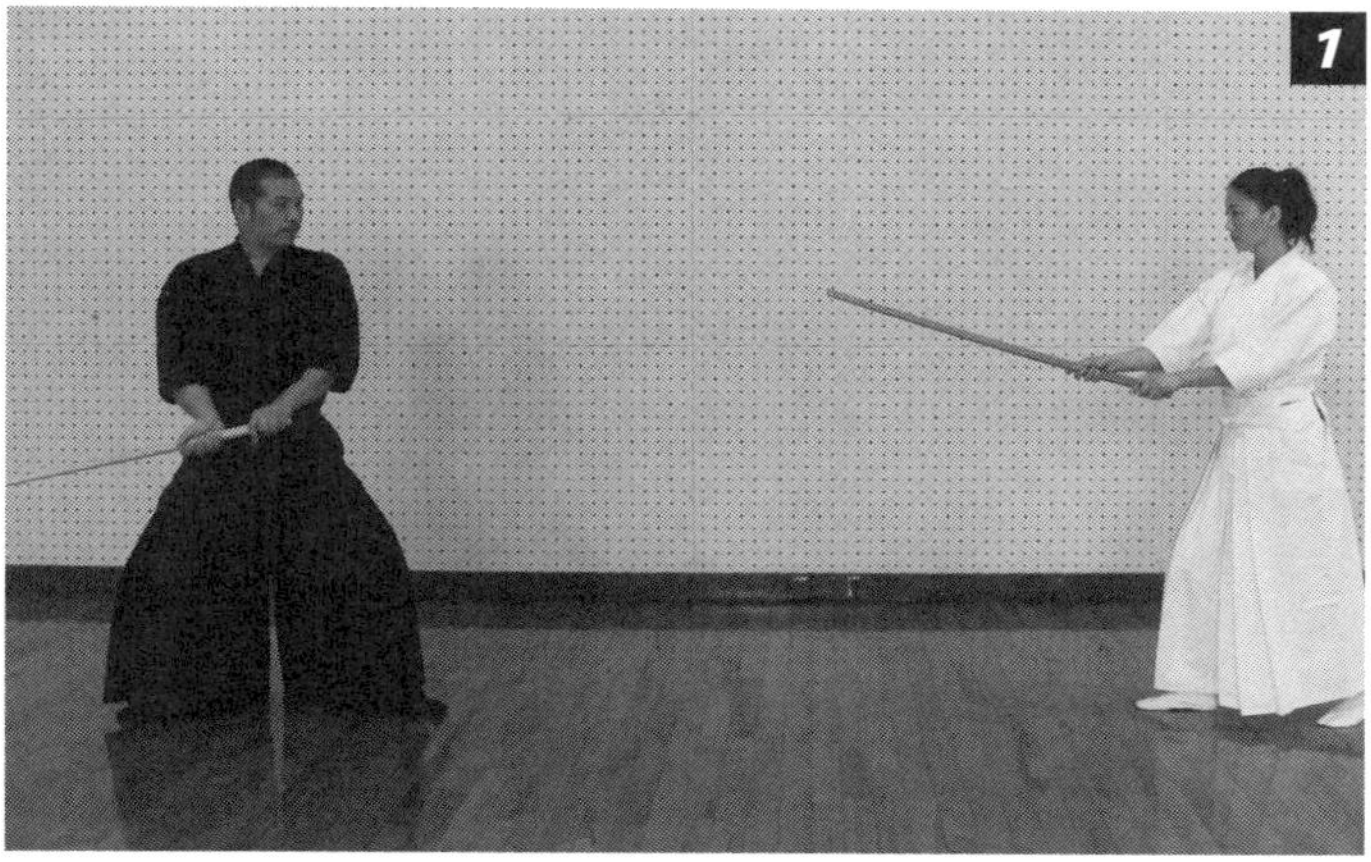
1

2

3

してくれるタネや仕掛けがある訳ではありません。相手の技量が勝れば、斬り負けてしまうでしょう。

しかし少なくとも、同等技量であれば、斬り負けません。ゆえにこそ〝技〟なのですから。

一つにはまず、相手主導にみえてこの技は〝打たせている〟のだということ。肩を相手に差し出すかのような〝車《しゃ》〟の構えによって、そこへの斬撃を誘っているのです。待ち構えているところへその通りの動きをやってくるのですから、その拍子さえとらえられれば、少なくとも動き出しにおいて遅れをとることはありません（もちろん相手の種々な打ちに応じて三つの変化技もあります）。後は、こちらが〝いかに速く剣を振れるか〟のみにかかってきます。

そこで、前項の〝振り〟が必須になってくるのです。先のは縦方向、ここでは横、と方向こそ違いますが、原理はまったく同じです。

力んで振り回すのが〝最速〟ではありません。手首も肘も肩も、さらに言えば腰も膝も足首も、すべてを力まず柔らかく保ち、即稼働できる状態にしておきます。〝ムチ〟の状態です。

〝どこの動き〟をもって振り出すのではありません。全身を同時に稼働させるのです。さすれば、各所の動きは小さくとも、その集積は大きく、速い、すなわち、その身体における〝最速〟の動きとなるのです。

「極意は身体」なのです。全身を繋げて動かせれば、〝最速〟の動きは必ずかないます。

そしてかつ、この動きは相手にとって非常に読みにくいものとなります。局所的な力みがないので、予動作が現れにくいのです。

これはボクシングやレスリングなどの格闘技においても、また、バスケット・ボールなどの球技においても、応用のきく話です。さまざまな種目のどれにおいても、大きな利となるでしょう。

かくして、〝大きく速い〟は実現する訳です。

4 〝最強〟の動き

次ページの写真の少し変わった形の技法はもう、お分かりですね。第5章や第6章でも取り上げた「くねり打ち」です。

こんな小さな、一見小手先だけのようにも見える動作において十分な斬撃力をもたせるためのポイントが「エマす」操作にあることは、すでに述べた通りです。

くねり打ち

一見、小手先のみを捻るかのような小さい動作をもって斬撃となす「くねり打ち」。このような小さな動作のみで十分な斬撃力をもたせるためのポイントは「エマす」操作。この操作も、「膝だけ」でもなく、「腰だけ」でもなく、「全体を同時に」稼働させることによって大きな力を生み出している。

私たちが稽古においてこの「エマす」という言葉を使う時、本質的には「腰をエマす」とも「膝をエマす」とも「股関節をエマす」とも言いません。

では、どこをエマすのでしょう？

それは、全部なのです。

「仙骨へ集中させる意識」と先に記しましたが、その意識を中心に、股関節も、膝も、足首も、そして肩や腕も、すべて力まず柔らかく繋がって、即稼働する状態にあることによって、すべてが同時に稼働します。同時稼働によって、こんな小さな動作から大きな力が生み出されるのです。

かくして、〝小さく強い〟も実現します。〝大きく速い〟も〝小さく強い〟も、どちらも〝全身を繋げることによる同時稼働〟が実現し得るのです。

本書のテーマの重大性が、ここへきてようやく実感的におわかりいただけるのではないかと思います。

この〝同時稼働〟、簡単なようで容易ではありません。人は何かをしようとすればどうしてもどこかを意識したり、その結果力んだり、固まったりしてしまうものです。しかしそこから脱却できたとき、あなたの身体はようやく本来の、最高の動きを取り戻せるのです。

「最高の」などと書くと、なんだかとても高い所にあるもののように思えるかもしれませんが、「取り戻す」と書いたように、実は〝誰でもが本来できるはずのもの〟なのです。

ぜひ、この本から、あなた本来の、最高のパフォーマンスを為せる、何をやっても上手くできる身体性を取り戻して下さい。

筋力強化を考えるのは、それからでも遅くないはずです。

5 〝美しい〟動き

さて、しつこいようですが、ここでもう一度「廻し打ち」を振り返ってみましょう。次ページの写真は、対人で行なう稽古法です。現代剣道で言えば切り返し稽古に相当するような感じでしょうか。

こちらの左からの廻し打ちを相手は左方向へ受け流し、その受け流す太刀捌きのままに右から廻し打ちます。こちらはさっき打ち込んだ太刀をそのまま差し上げると左方向への受け流し操作になりますので、その太刀捌きのままに、今度は右方向から回し打つ……ということを交互に繰り返していくのです。

正しく行なえば、打ち込み動作も受け流し動作も、すべ

「廻し打ち」の対人稽古

前出「廻し打ち」を対人で交互に行なう稽古法。相手の斬撃を受け流して打ち込む、という操作が連綿と続いてゆく。「受けなければ」という意識が働くと、どうしても動きが小さく、部分的なものになってしまいがち。

「逆風の太刀」における操作。右からの斬撃を左の〝車〟構えにとり、左から相手の右拳を打ってしとめる。

て腰椎を捻らない〝同側〟が維持されます。

しかし、一人で動作を繰り返すのとは違って、相手の攻撃を受けなければならないとなると、どうしても「受けなきゃ」という意識が働いて動きが小さく、力んでしまいがちになります。

「廻し打ち」も「斬り上げ」も、ともに一人稽古法をご紹介するにあたって、「なるべく大きく回す」と記しました。

ここが武術の稽古の稽古たるゆえん。技として大きく回した方が威力がある、ということではありません。「大きく回そうとすること」が稽古になるのです。

この操作の前提として「体幹を終始乱さず動き続ける」ということがありますが、実は、腕を小さく回す分には、体幹を乱さず、安定した姿勢のまま動き続けることは、簡単なのです。

ただし、それは〝手だけ〟の操作です。体幹が乱れずとも、全身が繋がった動きでなければ意味がない、だから大きく回そうとすることが必要なのです。

前ページの写真は第1章、29ページでご紹介した勢法「逆風の太刀」です。

改めてよく見れば、「廻し打ち」の連続操作の延長線上

初心者が行なった「逆風の太刀」の操作。小さく〝腕だけ〟の動きになってしまっている。

にあることがお分かりでしょう。

この操作をただ「左右から交互に廻し振る」動作と解釈すれば、動作自体は難しくは感じないでしょう。

しかし、初心者のうちはこの動作を行なうと167ページ写真のようになります。

連続写真でも、〝腕だけ〟の動作になってしまっていることが感じ取れると思います。次の操作に気をとられると、腕の振りは肘が伸びずどうしても小さく、部分的になってしまうのです。柳生宗厳が上泉信綱の教えをまとめた『新陰流截相口伝書』の冒頭「身懸り五箇の大事」に重要な身体操作として「左の肘をかがめざる事」とあります。肘を伸ばす働きは、エマす動作で働いていた膝の関節と同様、柳生新陰流で最も重要視するものです。

では、とやみくもに腕を大きく振り回そうとすれば、今度は体幹が乱れます。

どうしたら体幹を乱さずに、かつ大きく振れるか、その答は「全身を繋げること」以外にありません。

全身が繋がった動きは、結果として美しく映ります。理にかなった、身体を最大限に活かす動き、とは美しいものなのです。微妙な違いのようで、不思議に一見して分かります。これはきっと、舞踊の世界でも同じなのではないかと思います。

6 武術操法と健康

最後に、もう一度振り返っていただきたいものがあります。それは本章冒頭に上げた、刀の振り方の話です。

158ページに掲げた写真のような、各関節をグニャリと使うような振り方を良しとせず、160ページのような、肘をほとんど曲げないような振り方をすべし、としました。

実はここには、先には記さなかったもう一つの理由があるのです。

それは、実際の刀を振ってみると、すぐにわかります。

実際の刀（真剣）は、だいたい1キロ以上の重量があります。これはかなりの重さです。いわば「鉄の棒」な訳ですから、当然と言えば当然です。

この重い棒を「各関節をグニャリ」のようなやり方で振り続けていると、あっという間に手首か肘が痛くなってきます。これは、刀の重量という負担を、〝部分〟で受け止めてしまっているためです。

〝ムチ〟のごとく柔らかく全体を繋げた身体ならば、刀の重量は〝全体〟で受け止めることになります。各部ごとの負担は軽減され、これなら振り続けることもできます。つまり、全体が繋がった身体性とは、体を痛めにくい使い方、のことでもあるのです。

野球の練習で、何球も何球も、途方もなく繰り返し投げ続けることをやっていると、大体肘なり手首なり、どこかを痛めます。それは、負担を〝部分〟で受け止めるようなやり方を繰り返しているからです。

本書でご紹介してきた武術の身体操法は、元々は敵を倒すという目的のもとに培われてきたものでした。

しかし戦いがなくなった今、その活用価値はどこにあるのでしょう。

本書冒頭には野球の例をあげました。スポーツでも、何にでもこの〝理〟は通用するものだと述べてきました。スポーツに活かそうというのもいいでしょう。空手や柔道など、他の武道を志向されている方がそのレベルアップに活かそう、というのももちろんいいと思います。

でも私は何より、「健康」に活かされるべきなのではないかと思います。

多くの人が、歳をとるほどに膝とか肩とか腰とかの痛みを訴えるようになります。それは、身体の使い方を間違えているからです。知らず知らずのうちに、身体のどこかに偏った負担をかけてしまっている部分がある。そういう所が悪くなっていくのです。

本書でご紹介してきた〝全身を繋げて使う〟ことは、そういった偏った負担をなくす方法に他ならないのです。それが、死ぬまで働く人間であろうとし、死ぬまで戦える武士であろうとした日本人が辿り着いた、身体運用原理なのです。

本書のテーマ〝全身を繋げて使う〟ことを実現するカギは、仙骨でした。

頭と上半身を支える土台となっているのが仙骨です。仙骨が本来の正しい位置にあればS字カーブは正常に働きますが、仙骨が傾くとS字カーブがゆがみ、身体にかかる重力を背骨で軽減できず腰や膝に負担が懸かり、また背骨の中を通る延髄や脊髄、椎骨を支える椎間板を包んだ神経を圧迫してしまいます。これが腰痛や膝の痛みの原因となります。

また背骨が前屈して猫背になると内臓を圧迫して内臓の病気の原因となります。背骨の異常が万病の元といわれる所以です。

仙骨の異常をはじめとする背骨の異常の原因は筋力の低

下からきています。背骨を支えている脊柱起立筋、多裂筋、腹横筋、大腰筋が弱くなり背骨を支えきれなくなるのです。特に上半身と下半身を結びつけている仙骨が骨盤内の本来の位置に納まっていないと、大腰筋とお尻の筋肉である骨盤底筋、殿筋が働かなくなり、内臓を支える力が弱くなり身体のバランスが崩れたり老化の原因となります。

そこで仙骨を締めると骨盤も締まり、大腰筋・殿筋をはじめ全身のインナーマッスルも協調して働くようになります。そうすると背筋はおだやかなS字湾曲に戻り疲れにくい健康な身体になります。仙骨を締めると同時にお尻の穴を締めると腰痛の改善や予防になります。

腰痛の原因は80～85パーセントは不明と言われています。その多くは背骨の歪みが原因となっているようです。特にぎっくり腰は腰椎が必要以上に捻れる（ひねる）ことが大きな原因です。

私も以前はそうでしたが、腰椎はひねりに弱いということを知らない人が多いのです。野口整体では腰椎の三番は身体の捻れに関係する椎骨と言われているので、腰が痛くなると捻って直そうとしていました。これが私の腰痛が長い間直らなかった原因の一つでした。

仙骨は姿勢に大きく関係し健康や運動を支配する身体の要《かなめ》となる骨なのです。古人がなぜこの骨に「仙骨」という究極の名を付けたのか驚くべきことです。古人は身体の秘密は仙骨にあることを知っていたのでしょう。

にも関わらず、現在は仙骨の重要性に対する認識が低いような気がします。

それは、仙骨が動かない骨だと思われていることが大きいでしょう。

仙骨は動きます。動かなければならない、それが人間本来の正常なあり方なのです。

仙骨に意識を向けてみましょう。それは必ず、現代人にしてみれば奇跡的とも思えるような身体パフォーマンスと、信じがたいほど当たり前な健康を、あなたにもたらします。

さあ、仙骨体操と「廻し打ち」「下からの斬り上げ」をあなたの生涯運動計画の中に取り入れましょう。

おわりに

本書で言いたかったことは腰や膝などの身体の痛みと病いの主な原因は歪んだ不良姿勢にあり、正しい姿勢を維持することは、それだけで最高の運動であるということです。正しい姿勢とは背骨を真直ぐにやわらかに保ち、そのために仙骨を締めて立てることで維持できます。それを私は武術を通して仙骨との出会いによって知ることができました。

上半身と下半身を結びつけている仙骨が骨盤の正しい位置におさまれば上半身の重さは仙骨を通して下半身の二本の足に分散され、下半身の足腰の力は、仙骨を通して背骨から手に伝わるのです。仙骨で全身が繋がっているのです。

柳生石舟斎宗厳が柳生新陰流の「無上至極の極意」である「ケツ（尻）をすぼむる」をつかんだのは「年老して体足心ならざる」老年の時でした。宗厳は78歳で亡くなるので70歳過ぎの時だったと思われます。

戸外の雪隠(便所)に行きながら氷に滑ったとたんに悟った、つまり観念ではなく身体の動きで悟ったということに興味を覚えます。剣の修行を通して健康で長生きする。そこで見える世界があるということは人生の奥深さをつくづくと感じさせてくれます。

そしてその世界がこれまであまり注目されたことのなかった一つの「骨」なのです。

仙骨は古代から神聖なものと見なされていました。語源はラテン語の os sacrum（オスセイクラム）＝神聖な骨。古代エジプト、ユダヤ、マヤ語でも「神聖な骨」という意味になっています。日本語では薦骨＝「神に薦める骨」、それが仙骨になりました。古人は仙骨に仙人の「不老長寿」に連なる道を見ていたのでしょうか。

人間の身体の可能性が限りなく広がっていることを感じます。

芭蕉は「古人の跡を求めず　古人の求めたるところを求めよ」と言いました。それは「温故知新」、古きを求めて新しきを知る、とも言い換えられます。さあ皆さん、30億年前から受け継がれてきた自分の身体の声に耳を澄ませて、この限りない道を歩んでいきましょう。

平成二十八年一月

赤羽根龍夫

赤羽根龍夫（あかばね たつお） **プロフィール**

名古屋・春風館道場にて柳生新陰流、円明流、尾張貫流槍術を学ぶ。現在は春風館関東支部長として鎌倉・横須賀・藤沢・横浜で「新陰流・円明流稽古会」を主宰し、指導に当たっている。著書に『柳生新陰流を学ぶ』、『武蔵「円明流」を学ぶ』、DVD『武蔵「円明流」を学ぶ』（スキージャーナル）、『宮本武蔵を哲学する』（南窓社）、『武蔵と柳生新陰流』（集英社）、DVD『分かる！出来る！柳生新陰流（第１巻～３巻）』（BAB ジャパン）などがある。
〈新陰流・円明流稽古会　ブログ〉
http://blog.livedoor.jp/shinkage_keiko/

撮影協力：赤羽根大介、若尾洋子

装幀：中野岳人
本文デザイン：k.k. さん

速く、強く、美しく動ける！
古武術「仙骨操法」のススメ

2016 年 2 月 29 日　初版第 1 刷発行
2019 年 5 月 20 日　初版第 4 刷発行

著　　者　赤羽根 龍夫
発 行 者　東口 敏郎
発 行 所　株式会社ＢＡＢジャパン
〒 151-0073 東京都渋谷区笹塚 1-30-11　４・５Ｆ
TEL　03-3469-0135　　FAX　03-3469-0162
URL　http://www.bab.co.jp/
E-mail　shop@bab.co.jp
郵便振替 00140-7-116767
印刷・製本　中央精版印刷株式会社

ISBN978-4-86220-962-7　C2075

"本当に動ける"身体を手に入れる、合理的メソッドをこの一本に集約!
BABジャパン DVD
DVD
格闘技、スポーツ、ダンス、あらゆる運動能力を向上させる"全身を繋げて"使うコツ!
速く、強く、美しく動ける!
古武術「仙骨操法」入門
全身が連動する身体を極める
仙骨を締めて立て、背骨を真っすぐに保つことで正しい姿勢を取り戻し、古武術が追究してきた身体運用原理を現代社会に応用。"全身が繋がった身体"を取り戻す「仙骨体操」を柳生新陰流・春風館関東支部長赤羽根龍夫師範が懇切丁寧に指導! いま直ぐ自宅で出来る「仙骨体操」他、身体運用のための効果的なエクササイズを多数収録!
Kobujutu Senkotsu Nyumon
CONTENTS
●仙骨操法とは
●仙骨とは
●古流剣術の身体操作
踵をつけて歩く/エマす/太刀の持ち方/廻し打ち・下からの切り上げ/他
●最高の姿勢を作る
理想的な立ち方/真っすぐに振る/姿勢を正すエクササイズ/深層筋/腹式呼吸と骨盤底呼吸/気合法
●肩甲骨・仙腸関節の可動性
肩甲骨を伸ばすためのエクササイズ(肩入れ・横綱の土俵入り・他)/仙骨の確認・仙腸関節の確認/仙腸関節を動かす/仙骨体操(①左右の動き・②前後の動き・③横の動き・素手で行う仙骨体操)踵摺りウォーキング・モデルウォーク
●仙骨を中心とした連結操作
くねり打ち/股関節を繋げる感覚/上体の安定を保って歩く/歩き居合(柳生新陰流抜刀勢法)/ドローイン/バランス相撲/骨盤底筋を鍛える目的・エクササイズ
●身体が目指すべき究極の合理
燕飛/三学円の太刀/九箇の太刀/くねり打ち(古伝くねり打ち・尾張柳生くねり打ち・奥義之太刀"向上")
●全てが連動する動き
部分稼働と同時稼働/三学円の太刀(一刀両段・尾張の一刀両段)
●健康のために
好評発売中!
収録時間50分
本体5,000円+税

BOOK Collection

天才・伊藤昇と伊藤式胴体トレーニング

「胴体力」入門

武道・スポーツ・芸能などの天才たちに共通する効率のよい「胴体の動き」を開発する方法を考案した故・伊藤昇師。師の開発した「胴体力」を理解するために、トレーニング法や理論はもちろん生前の伊藤師の貴重なインタビューも収録した永久保存版。

●月刊「秘伝」編集部 編　●B5判　●232頁　●本体1,800円+税

気分爽快! **身体革命**

だれもが身体のプロフェッショナルになれる!　3つの「胴体力トレーニング」が身体に革命をもたらす !!〈伸ばす･縮める〉〈丸める･反る〉〈捻る〉。身体のすべての動きは、胴体の3つの動きを基本としています。胴体力トレーニングの体操によって動きの質を変え、スポーツや武道へも対応できるレベルの高い身体になります。

●伊藤昇 著　●四六判　● 224 頁　●本体 1,400 円+税

仙骨の　「コツ」　は全てに通ず

仙骨姿勢講座

背骨の中心にあり、背骨を下から支える骨・仙骨は、まさに人体の要。これをいかに意識し、上手く使えるか。それが姿勢の善し悪しから身体の健康状態、運動能力まで、己の能力を最大限に引き出すためのコツである。

●吉田始史 著　●四六判　● 222 頁　●本体 1,400 円+税

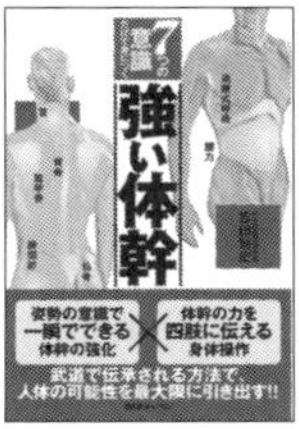

7 つの意識だけで身につく　**強い体幹**

武道で伝承される方法で、人体の可能性を最大限に引き出す!　姿勢の意識によって体幹を強くする武道で伝承される方法を紹介。姿勢の意識によって得られる体幹は、加齢で衰えない武道の達人の力を発揮します。野球、陸上、テニス、ゴルフ、水泳、空手、相撲、ダンス等すべてのスポーツに応用でき、健康な身体を維持するためにも役立ちます

●吉田始史 著　●四六判　●184頁　●本体1,300円+税

サムライ・ボディワーク

日本人が求める身体の作り方は日本人が一番知っていた!

カタカナ・メソッドばかりがボディワークにあらず!　伝統・古流武術こそが理想のボディワークだった!!　体幹を強化し、全身をしなやかに繋げる!　振り棒、四股、肥田式強健術、自衛隊体操自彊術、茶道、野口体操、弓道 etc.　武道雑誌『月刊秘伝』で紹介された、選りすぐりの“知られざる究極身体法”を収録したトレーニング集!!

●『月刊秘伝』編集部　●A5判　●176頁　●本体1,600円+税